de cette campagne, de l'exactitude desquels on pourra s'assurer soi-même en lisant l'ouvrage, le fond de ces planches ayant été pris sur l'excellente carte de Ferraris, et la position des troupes, sur le plan joint à l'ouvrage anglais. J'ai été en outre aidé dans ce travail par un officier de l'état-major français qui fut présent à toutes les affaires.

LETTRE

DU GÉNÉRAL * * * *

*A son ami le Colonel * * *.*

Paris, 10 Juillet 1815.

Vous me priez de vous rendre un compte exact de la dernière bataille, glorieuse pour les vainqueurs et les vaincus, et des mouvemens qui l'ont précédée et suivie? Je vais m'efforcer de remplir de mon mieux la tâche que vous m'imposez; mais pénétrez-vous bien qu'une affaire générale est un événement dont toutes les circonstances sont à peine racontées de la même manière par deux personnes; et cela, par la simple raison qu'un officier placé pendant l'action à l'une des ailes, ne peut décrire ce qui s'est passé au centre ou à l'autre aile, que d'après les informations qu'il a prises d'autrui, ou d'après ce qu'il n'a vu que confusément; tandis que celui qui s'est trouvé placé au centre, est également mal instruit de ce qui s'est passé sur les flancs. Chacun ne pouvant rapporter avec quelque fidélité, que ce qui est arrivé sous ses yeux, il en résulte que les relations des faits de guerre diffèrent presque toujours entr'elles. J'ai cru devoir vous faire ces remarques avant de commencer ma narration, afin de vous prévenir sur la différence que vous pourrez trouver entre mon récit et ceux que d'autres personnes peuvent vous avoir faits; mais soyez assuré que vous ne trouverez ici que ce que j'ai appris par moi-même et ce qui depuis m'a été transmis par des amis dignes de foi.

Depuis quelque temps le bruit courait que Bonaparte avait intention d'entrer en Belgique; et d'après quelques mouvemens qui furent faits, même au mois de mai, on était autorisé à croire que le duc de Wellington lui-même le regardait comme possible. Cependant plusieurs officiers dans l'armée pensaient que Bonaparte ne serait pas assez hardi pour se porter contre les Prussiens en s'exposant à être attaqué par nous, ou à se porter contre nous, en laissant son flanc droit et ses derrières ouverts aux Prussiens; et très-peu croyaient qu'il pût rassembler une armée suffisamment forte pour attaquer à-la-fois nos forces réunies. Le 13 et le 14 juin, on apprit que Bonaparte avait quitté Paris, et qu'il était certain qu'il projetait de marcher en avant le 15. Ce qui prouvait cette intention, c'est qu'il était généralement connu que l'armée française avait été concentrée depuis quelques jours, autour de Maubeuge et d'Avesnes, et que le maréchal Soult avait établi son quartier-général dans cette dernière ville.

Dans cette position, les Français étaient prêts à pénétrer en masse en Belgique, sur le point où la gauche de l'armée anglaise et alliée se joignait à la droite des Prussiens; il était donc présumable que si leur projet était de séparer les deux armées, ils attaqueraient sur ce point, où en outre aucune ville fortifiée ne pourrait s'opposer à leur marche sur Bruxelles, dans le cas où ils auraient des succès. Il paraîtrait que notre feld-maréchal et plusieurs d'entre nous, ne crurent pas, à cette époque, que l'ennemi eût cette intention; car il ne parut véritablement persuadé que les Français avançaient sérieusement, que lorsqu'il apprit, le soir du 15, qu'ils avaient passé la Sambre en force, et chassé les Prussiens de Charleroi et Binch, avec quelque perte. Comme ce fut à la nuit seulement, ce même jour, que les ordres furent donnés pour la concentration de l'armée, et que même la marche de nos divisions fut dirigée, selon leurs cantonnemens respectifs, sur Nivelles, Braine-le-Comte et Enghien, afin d'y recevoir des ordres ultérieurs; nous paraissions encore être incertains sur les projets de l'ennemi. Cependant il devint bientôt évident qu'il voulait pénétrer directement de Charleroi par les plaines de Fleurus, probablement dans l'espoir de pouvoir, par un mouvement rapide, attaquer et défaire les Prussiens cantonnés en force dans cette direction, avant que les Anglais pussent se réunir à eux et les soutenir.

Il avait, le soir du 15, repoussé sur les Quatre-Bras, un détachement de troupes belges qui étaient avancées à quelque distance sur la grand'-route qui conduit de cet endroit à Charleroi. Il était de la plus haute importance de garder ce poste, parce que c'est à la ferme de Quatre-Bras qui est environ à quatre milles de Nivelles, que se coupent les routes de Charleroi à Bruxelles par Genappe et celle de Nivelles à Namur; et que c'était par cette dernière route que nos communications étaient établies avec l'armée prussienne, placée devant elle et sur notre gauche, autour de Sombref et dans les villages de Saint-Amand et Ligny. Le matin du 16, le terrain en avant de cette ferme, qui avait été perdu la veille, fut repris, les Belges ayant reçu du renfort : un engagement assez fort se soutint jusqu'à trois heures; c'est alors que le bruit du canon et de la mousqueterie se fit entendre fortement sur notre gauche, et annonça que l'armée prussienne était attaquée

A peu près à la même heure, l'ennemi avança en force contre la position que nous occupions. Heureusement l'arrivée, un moment avant, de la division de S. Thomas Picton et du corps du duc de Brunswick (qui fut tué en brave à l'affaire qui suivit), nous mit à même de lui résister ; et bientôt après, soutenus par la division des gardes et celle du lieutenant-général Alten, nous rendîmes vaines toutes les tentatives de l'ennemi, et lui fîmes éprouver une grande perte, quoique ses attaques fussent faites avec la plus rare intrépidité, et quelques succès partiels ; leur cavalerie parvint un moment à enfoncer le carré du brave quarante-deuxième régiment ; dans un autre instant, elle pénétra jusqu'à une batterie placée tout près de la ferme de Quatre-Bras, et presqu'à l'endroit où était le duc lui-même.

Il faut rendre justice au courage d'un bataillon de jeunes Hanovriens qui, dans cette occasion, se conduisirent avec une grande fermeté, et qui, par une décharge bien dirigée et faite à propos, détruisirent presqu'entièrement le corps de cuirassiers ennemis qui avait fait cette tentative audacieuse.

Pendant tout ce furieux combat dans lequel l'ennemi employa des corps considérables de cavalerie et d'infanterie soutenus par une nombreuse artillerie, nous manquions entièrement de cavalerie, et nous avions fort peu d'artillerie; ces corps n'étant arrivés sur le champ de bataille qu'à la fin de l'action, après avoir fait une marche forcée de leurs cantonnemens derrière le Dender, par des routes extrêmement mauvaises et presqu'impraticables pour les canons. Les troupes anglaises et alliées restèrent pendant la nuit sur le terrain qu'elles avaient vaillamment défendu. Les forces qui leur furent opposées étaient certainement supérieures aux leurs, mais il était évident que les principaux efforts de l'ennemi étaient dirigés contre les Prussiens. Comme leur feu paraissait continuer dans la même direction où il avait été entendu toute la journée, nous espérions que nos amis avaient obtenu un succès pareil au nôtre.

Le matin du 17, de très-bonne heure, nous apprîmes au contraire, que la veille à la fin du jour, le centre des Prussiens avait été entièrement défait par une attaque bien combinée de la cavalerie et de l'infanterie ennemies, et qu'ils avaient éprouvé une perte de 15,000 hommes et d'un nombre considérable de canons. Cet échec et l'éloignement du corps du général Bulow qui n'avait pas encore rejoint l'armée, forcèrent le maréchal Blucher à se retirer sur Gembloux, où il serait renforcé par les corps détachés qui marchaient sur ce point. Le duc de Wellington n'apprit cet événement qu'alors qu'il eut envoyé un aide-de-camp au maréchal Blucher le 17 au matin, (l'officier chargé la veille au soir de la lettre du général prussien qui en instruisait le duc, ayant, à ce qu'on dit, été pris par les Français). Aussitôt il résolut de se retirer avec son armée dans la position en front de Waterloo, position qu'on sait qu'il regardait comme la meilleure pour couvrir Bruxelles, dans le cas où l'ennemi avancerait dans cette direction. On crut que ce mouvement ne lui était agréable en aucune façon, parce qu'il espérait ce jour-là attaquer de bonne heure l'ennemi de concert avec les Prussiens, son armée étant entièrement rassemblée (le corps du lord Hill était arrivé à Nivelles et Braine-le-Comte). Comme

dant, dans ces circonstances la retraite était inévitable ; aussi, à environ une heure, toute l'armée (à l'exception de la cavalerie et de l'artillerie légère qui étaient destinées à couvrir la retraite) se mit à marcher en colonne, le corps principal suivant la grand'route qui traverse Genappe, pour aller occuper les divers points de la position sur laquelle elle était dirigée.

L'ennemi dut s'apercevoir de notre retraite; cependant il resta tranquillement dans sa position, au grand étonnement de ceux qui étaient témoins de cette apparente négligence. Il y avait même quelques officiers qui pensaient qu'il était possible qu'il se retirât aussi derrière la Sambre, en raison de ce qu'il avait échoué dans ses attaques contre nous, et ils regardaient les troupes de son armée que l'on voyait, comme son arrière-garde.

On s'aperçut bientôt qu'il n'attendait que l'arrivée de sa cavalerie; et en effet, on en vit à un peu plus d'une heure, un corps immense qui avançait contre notre gauche, par la route de Namur; alors on n'eut plus aucun doute que l'intention de Bonaparte fût de nous attaquer avec toutes ses forces. Notre cavalerie, après quelques escarmouches avec la sienne, commença sa retraite ; l'ennemi nous poursuivit avec un grand acharnement, et pressait vivement notre arrière-garde, particulièrement sur la grand'route par Genappe, où se trouve un pont très-étroit sur la petite rivière qui traverse cette ville. Une pluie effroyable qui vint alors à tomber, contribua beaucoup à ce qu'il ne nous harcela pas autant qu'il l'aurait pu sans cette heureuse circonstance ; la terre devint tellement molle, qu'on ne marchait que très-difficilement, ce qui empêcha l'ennemi d'agir sur le flanc de nos colonnes. Au centre, nous éprouvâmes une perte considérable, supportée par le septième de hussards, qui fit mal à propos une charge dans laquelle le major Hodge fut tué à la tête de son escadron, par plusieurs autres régimens, et particulièrement par la garde royale à cheval, qui fut foudroyée par l'artillerie légère de l'ennemi. Pendant la retraite, les gardes-du-corps firent une charge très-brillante et très-heureuse, dans laquelle ils repoussèrent entièrement les escadrons avancés de l'ennemi, et réprimèrent pour cette fois l'audace avec laquelle il nous pressait. Environ à cinq heures, l'armée entière était arrivée sur le terrain où elle devait bivouaquer et attendre le résultat d'une bataille, dans le cas où l'on serait attaqué. Il paraît que le duc de Wellington avait préalablement envoyé une missive au maréchal Blucher, pour l'avertir de détacher de la position qu'il occupait près de Wavre deux divisions de son armée, pour nous soutenir sur notre gauche. Non-seulement le brave général prussien répondit qu'il accédait à cette demande, mais de plus il fit au duc la proposition d'attaquer l'ennemi dans le cas où lui-même ne le ferait pas. En raison de la défaite éprouvée la veille par les Prussiens, il est impossible de trop louer la valeur qui dicta cette proposition à leur chef, et celle des troupes dont la prompte réorganisation donnait la possibilité de l'entreprendre.

Pendant la soirée et la nuit du 17, l'armée souffrait horriblement du mauvais temps; le terrain qu'elle occupait n'offrait aucune ressource pour se faire des abris. Plusieurs des régimens manquaient de vivres, la longueur de la marche du jour précédent ayant empêché les commissaires d'arriver avec leurs brigades. Cependant dans tout le camp, les soldats nettoyaient leurs armes, et se préparaient pour la bataille à laquelle on s'attendait.

La position qu'occupait l'armée anglaise et alliée, était une hauteur ayant sur toute l'étendue de son front une pente douce qui formait en plusieurs endroits un glacis parfait. Au milieu passait la route de Genappe à Bruxelles. Devant le centre de notre aile droite était la ferme d'Hougoumont, et devant celui de notre aile gauche se trouvait celle de la Haye-Sainte. Notre extrême droite était à Merke-Braine près de Braine-la-Leud, et notre extrême gauche occupait le plateau qui se trouve entre le hameau de Vert-Coucou situé en arrière, et Ter-la-Haye qui était fortement occupé sur son front. Ce dernier village et celui de Merke-Braine étant dans des défilés, auraient opposé à l'ennemi de grandes difficultés dans le cas où il aurait tenté de nous prendre en flanc. A l'extrême gauche de notre ligne, en arrière de Ter-la-Haye, était une route de traverse qui conduit à Ohain, et par laquelle nous communiquions avec les Prussiens. La position de l'ennemi était aussi une élévation opposée immédiatement à celle que nous occupions, plus ou moins éloignée d'elle en divers endroits ; mais autant que je puis l'affirmer, environ par-tout à une distance de 500 ou 600 toises, et peut-être un peu plus en quelques parties. Elle était plus forte que la nôtre, la pente en étant plus escarpée. Le quartier-général de Bonaparte, la nuit du 17, était à Planchenoit, ferme située à quelque distance en arrière de la ligne française. Le Mont-Saint-Jean était plus haut juste en avant de leur ligne. Une partie du corps de lord

Hill, sous les ordres du lieutenant-général Sr C. Colville, fut envoyée à Hal pour observer cette route. L'armée était placée ainsi, lorsqu'à onze heures du matin le 18, on s'aperçut que l'ennemi avançait pour attaquer. La pluie de la veille et le mauvais temps de la nuit avaient rendu ce prompt mouvement presque inattendu. Aussitôt on prit les armes sur toute la ligne, les différentes brigades et régimens se mirent en position, et tous attendirent avec sécurité, une de ces batailles qui ne peuvent être connues que de ceux qui ont été opposés aux Français commandés par Bonaparte en personne, et dans lesquelles, sans égard à la perte des hommes, il fait marcher en avant ses immenses masses, et sacrifie des corps entiers pour pénétrer au point de la ligne ennemie, dont la possession assurerait non-seulement la victoire, mais l'entière destruction. Dans cette affaire, toutes ses attaques se dirigèrent contre notre centre et les points qui en étaient le plus rapprochés. S'il nous eût vaincus sur ce point, et se fût emparé de notre position et de la grand'route, il coupait entièrement à notre aile droite la retraite sur Bruxelles, et rejetait notre aile gauche sur les Prussiens, ou les forçait à battre en retraite à travers les chemins creux et presque impraticables de la forêt de Soignes. Ce fut donc vers notre centre que pendant toute cette dangereuse journée le combat fut le plus opiniâtre. Les engagemens sur nos ailes se bornèrent à de fortes décharges d'artillerie faites de temps en temps, et à des avances partielles de cavalerie et d'infanterie, faites plutôt pour occuper l'attention de nos troupes, que dans l'espoir de quelque succès.

Essayer de vous peindre la manière dont furent

faites à plusieurs reprises ces fameuses attaques, l'excès extraordinaire de bravoure, pour ne pas dire de désespoir, avec lequel les cuirassiers ennemis et son infanterie (encouragés par des cris de *vive l'Empereur*! qui partaient des masses d'où ils étaient détachés) avançaient sous le feu effroyable de la mousqueterie et d'une immense artillerie, est au-dessus de mes moyens. Leur conduite dans cette journée a excité l'admiration de toute notre armée ; ce fut une suite d'efforts continuels de leur part pour emporter le plateau sur lequel nous étions placés; et toujours ils étaient protégés par plus de cent pièces d'artillerie qui vomissaient une nuée de bombes et de boulets; toutes ces tentatives échouèrent devant l'inébranlable fermeté de l'infanterie anglaise et alliée : et la rare valeur avec laquelle la cavalerie anglaise chargea la cavalerie française alors que celle-ci parvint au sommet de notre position, en passant à travers nos carrés d'infanterie. Je ne saurais vous rapporter toutes les actions où brilla la valeur anglaise dans cette mémorable affaire; et je ne puis même rendre la justice due à toutes les différentes brigades et à tous les régimens, qu'en vous affirmant qu'ils saisirent toutes les occasions qui se présentèrent à eux, de prouver aux soldats de Bonaparte, que vaincre une armée anglaise et alliée, sous les ordres d'un général qui l'avait déjà conduite plusieurs fois à la victoire, était une tâche plus difficile qu'ils ne l'avaient peut-être cru, et que toutes celles qu'ils avaient entreprises jusqu'alors. Dans le rapport officiel, les gardes et leurs généraux Cooke et Maittland, ainsi que les brigades de cavalerie de S. W. Ponsonby et du lord Ed. Sommerset, sont plus particulièrement mentionnés. La valeur déterminée des uns, et l'impétueuse et parfois indomptable bravoure des autres, sont des titres éminens à cette distinction. Les charges de notre cavalerie contribuèrent beaucoup à rétablir nos affaires au moment difficile où l'ennemi avait atteint le sommet de notre position, où plusieurs de nos pièces étaient en sa possession, et où tout paraissait perdu. Une charge, sur-tout, faite par la brigade de S. W. Ponsonby (dans laquelle ce brave officier fut tué), et le douzième de dragons légers commandé par le colonel Ponsonby, mit en déroute complète la cavalerie et l'infanterie ennemies, au moment où la division de S. Th. Picton (qui là finit aussi malheureusement la carrière de ses grands et longs services) avait été forcée de reculer, ne pouvant résister aux forces supérieures qui l'assaillaient, bien qu'elle eût résisté jusque-là avec cette valeur qu'on a si souvent vantée dans les régimens qui la composaient ; et qu'on trouve toujours dans les troupes commandées par des officiers tels que les Picton, les Kempt et les Pack. Je dois vous dire aussi que la conduite du premier régiment des gardes, commandé par le colonel Stables (qui fut tué) excita l'admiration de tous ceux qui en furent témoins, lorsque, coupés du reste de l'armée, et entourés presqu'entièrement par la cavalerie ennemie, ces braves soldats firent voir un degré de piété qui marquait leur résolution de mourir jusqu'au dernier, plutôt que d'abandonner le terrain sur lequel leur carré était formé. On pourrait trouver dans tous nos régimens d'infanterie des preuves d'un égal héroïsme; mais si je voulais vous les détailler, il me faudrait rendre cette lettre tellement longue, que je craindrais qu'elle ne lassât votre patience : il suffit de vous dire que chaque bataillon semblait rivaliser de bonne conduite avec ses voisins, qu'ils eurent tous occasion de faire paraître cet inflexible courage qui a rendu les soldats anglais si fameux, et qui jamais ne fut mis à une plus rude épreuve. Les divisions des lieutenans - généraux Clinton et Alten, dans lesquelles se trouvaient les brigades des majors - généraux Halket et Adam, et la brigade de la division du lieutenant - général S. C. Colville commandée par le colonel Mitchell, furent particulièrement engagées. Sur la droite, les brigades de cavalerie des généraux Grant, Dornberg et du colonel Arendschildt souffrirent beaucoup de la canonnade à laquelle elles furent constamment exposées, et dans les charges qu'elles ont faites contre la cavalerie de l'ennemi.

A la gauche, l'action a été moins chaude, aussi notre perte y fut-elle moins considérable. Les troupes ont fait leur devoir sur toute la ligne. La vieille légion hanovrienne a bien soutenu la grande réputation qu'elle s'est acquise par ses services en Espagne, et les jeunes Hanovriens, les Belges, les contingens de Brunswick et de Nassau, ont fait honneur à leur nation et à eux-mêmes. La conduite du prince d'Orange à la tête des troupes qu'il commandait, a été des plus remarquables le 16 et le 18, et lui a justement obtenu l'admiration de toute l'armée.

Pendant l'action, la ferme de la Haye-Sainte qui avait été bravement défendue par quelques troupes légères de la légion hanovrienne, fut prise par l'ennemi. Ceux qui étaient dedans, ayant épuisé toutes leurs munitions : j'ai ouï dire que tous ces hommes se battirent à la baïonnette. Lord Wellington se trouva constamment par-tout où les attaques de l'ennemi étaient les plus sérieuses, et où l'action était la plus sanglante. On regarde comme un miracle qu'il nous ait été conservé, presque tous les officiers de son état-major ont été atteints, ou ont eu leurs chevaux tués ou blessés ; pendant que lui seul restait comme invulnérable au milieu de cette scène de carnage, où il faisait presque autant par son exemple que par son génie. Il est de fait qu'on l'a vu, en plusieurs instans, ralliant l'infanterie mise en déroute, se plaçant à la tête des carrés formés, et les encourageant à attendre avec fermeté les chocs de la cavalerie qui approchait. Lord Hill, si célèbre par son sang-froid au feu, fut souvent aperçu, sans chapeau, excitant ses soldats ; tandis que lord Uxbridge emporté par son brillant courage et cette active énergie que chacun lui connaît, volait de tous côtés, tantôt conduisant noblement au combat cette belle cavalerie dont il est le chef, et tantôt se montrant au milieu de l'infanterie anglaise ou alliée, selon qu'il croyait utile de le faire. Sur toute la ligne, les autres généraux et officiers d'état-major étaient à leur poste faisant tous leurs efforts pour garder le terrain qu'ils avaient bien conservé jusqu'alors, et assurer une victoire qui parut souvent douteuse.

Les affaires restèrent en cet état jusqu'à sept heures. Notre perte était immense, celle de l'ennemi était bien plus grande ; mais sa résolution d'emporter notre position ne paraissait pas diminuée. Les Prussiens que l'on voyait avancer depuis environ quatre heures à quelque distance, avaient envoyé en avant sur les cinq heures et demie un petit corps que des troupes légères de l'ennemi obligèrent bientôt à reculer. Les Français avancèrent en forces et s'emparèrent de suite du village de Ter-la-Haye, devant lequel jusqu'à ce moment ils s'étaient contentés d'escarmoucher. Il est plus facile de se figurer que de décrire l'inquiétude qui paraissait dans la contenance de chacun, pour l'arrivée de l'armée prussienne. Enfin cependant arriva ce qu'on attendait et demandait depuis si long-temps : les Prussiens dont la marche avait été retardée par les mauvais chemins et le passage d'un défilé, commencèrent à déployer des forces considérables et à se diriger sur le flanc droit de l'ennemi, pendant que le feu de leur artillerie s'étendit aussitôt jusque sur ses derrières. Ceux qui avaient vu les masses énormes par lesquelles nous avions été attaqués pendant tout le jour, furent très-surpris à l'aspect de la nombreuse infanterie et de l'artillerie que Bonaparte opposa à cette attaque; c'est alors qu'ils sentirent bien plus fortement combien était heureuse pour nous la diversion opérée par nos alliés contre un corps si considérable de troupes fraîches, qui autrement, malgré la résistance que nous avions opposée jusque-là à ses attaques, aurait pu à tout événement nous enlever la victoire en nous écrasant par le nombre.

Comme poussé par un excès de désespoir, ce fut ce moment même que Bonaparte choisit pour faire son dernier et je puis dire son plus terrible effort : il fut bientôt évident que l'ennemi ne combattait pas plus long-temps pour la victoire, mais bien pour assurer sa retraite et son salut. Cependant l'impétuosité avec laquelle il fit cette attaque fut telle, et les pertes que nous éprouvâmes furent si grandes, que de nouveau l'ennemi parut presque vainqueur dans cette tentative. Le noble duc avec cet œil d'aigle qu'il possède, vit bientôt pourquoi ce qui restait de garde impériale était maintenant conduit au sacrifice ; il s'aperçut que l'infanterie et l'artillerie se retiraient en arrière de la position que les Français avaient occupée tout ce jour : alors, avec ce discernement qu'il montra si souvent, il fit faire en avant un mouvement rapide sur toute la ligne, et dirigea une attaque contre ces troupes de l'ennemi qui restaient formées pour couvrir sa retraite. A peine cet ordre était-il donné, qu'il fut exécuté avec cette ardeur qui caractérise les troupes anglaises dans de telles occasions ; et ces soldats qu'on devait croire harrassés de fatigue par la longueur et la chaleur de la bataille, se précipitèrent contre les phalanges ennemies avec autant d'impétuosité et de vigueur que si l'action n'eût fait que commencer. Un moment avant ceci arrivèrent fort à propos les deux brigades de cavalerie de la gauche commandées par les majors-généraux Vandeleur et Vivian, qui contribuèrent beaucoup à donner de la confiance à nos troupes pendant les longs efforts que nécessita cette attaque ; et lorsqu'on ordonna de marcher en avant, la brigade du général Vivian (les dixième et dix-huitième de hussards se sont distingués dans cette occasion) traversant l'infanterie, chargea et défit entièrement les corps de cavalerie ennemie qui se trouvaient au centre et sur la gauche ; au même instant ayant fait jouer son artillerie, elle ne laissa opposés à notre infanterie que les carrés de la garde impériale, qui, par sa contenance ferme jusqu'à la fin, soutint ce grand caractère qu'elle avait acquis pendant tant d'années de combats, sous le commandement immédiat de cet homme extraordinaire pour lequel elle s'était déjà plusieurs fois presqu'entièrement dévouée.

Rien cependant ne put arrêter la marche des

troupes qui se dirigeaient rapidement contre elle. Ces fameux régimens, les cinquante-deuxième et soixante-onzième de la brigade du général Adam, mirent bientôt en fuite ceux des ennemis qui occupaient la grand'route ; sur tous les autres points nos attaques réussirent également, et les deux brigades de cavalerie citées plus haut avançant au même temps, complétèrent la défaite de l'ennemi qui dans un instant fut pleinement en retraite, et dans une déroute et une confusion qui furent augmentées, si faire se pouvait, par les succès des Prussiens qui presqu'au même moment s'étaient emparés de la grand'route sur le derrière de la position des Français. Les Anglais les poursuivirent aussi long-temps que la clarté du jour put le permettre ; et même jusqu'à ce que le mélange des troupes anglaises et prussiennes eut occasionné quelques méprises : alors cette tâche fut abandonnée à nos braves alliés les Prussiens, qui, ayant moins agi que nous durant tout le jour, étaient plus capables de la remplir, et dont le chef, le maréchal Blucher, avait promis à notre feld-maréchal (lorsqu'ils se rencontrèrent, heureusement après la nuit close, à la ferme de la Belle-Alliance), qu'il poursuivrait l'ennemi toute la nuit sans interruption ; promesse qu'il a fidèlement tenue.

Ainsi finit, pour ce qui concerne l'armée anglaise, le jour le plus glorieux qui jamais ait lui dans les annales de notre histoire militaire ; jour qui honore à jamais le héros qui commandait et les troupes qui exécutèrent si bien ce que dirigea son grand génie. Le résultat immédiat de cette belle journée fut la prise de 300 pièces d'artillerie, et environ 7000 prisonniers (outre les blessés dont toutes les maisons étaient remplies), la nuit seule empêcha qu'on en fît un plus grand nombre. Les conséquences en furent l'abdication de l'usurpateur, la désorganisation presque totale de l'armée, dont à peine 40,000 hommes revinrent à Paris ; et la convention du 3 juillet, qui ne fut cependant conclue qu'après que le matin du même jour, les Français eurent été complètement défaits par les Prussiens, dans un combat près de Versailles, où ils perdirent 3 à 400 hommes. Cette convention renvoyait les restes de leur armée derrière la Loire et laissait occuper la capitale par les troupes anglaises et prussiennes. Ainsi donc, dans le court espace de trois semaines, la France fut traversée du nord au siége de son gouvernement par une armée victorieuse, et la nation française fit l'expérience de ces calamités inséparables de la guerre, dont elle avait si long-temps accablé les habitans des autres états de l'Europe. Ainsi fut détruite en un instant la plus belle armée (elle était composée de 130,000 hommes au moins, et d'une immense quantité d'artillerie) qu'ait jamais eu la France, sous le commandement d'un homme qui s'était rendu si célèbre par ses exploits militaires. Si quelque chose manquait à la gloire du grand homme sous lequel nous fûmes si heureux de combattre, elle est portée à son plus haut degré par la défaite du général français qui presque seul parmi ceux de cette nation que leurs talens militaires ont rendus célèbres, n'eût point encore abandonné la palme de la victoire à celui qu'on peut justement appeler maintenant le premier des grands capitaines de notre siècle.

Après avoir satisfait vos désirs et vous avoir donné une relation de la bataille du 18 et des événemens qui l'ont précédée ou suivie, selon ce que j'en ai appris par moi-même et les communications d'autrui, je ne puis m'empêcher de vous offrir quelques-unes de mes réflexions sur ce grand événement. Il serait présomptueux de ma part de manifester même l'intention de critiquer les mouvemens d'une armée commandée par le grand homme dont les talens comme général, sont hors de l'atteinte de toutes les remarques que je pourrais écrire : je désavoue donc jusqu'à l'idée d'une telle intention ; mais écrivant à un officier anglais, je crois devoir lui soumettre les réflexions que j'ai faites depuis en pensant à ces événemens si merveilleux, que je regarde comme le plus grand bonheur qui me soit jamais arrivé d'en avoir été témoin.

Vous me dites qu'on nous blâme beaucoup de ce que notre armée n'avait point été rassemblée plus matin et réunie aux Prussiens, pour s'opposer le 16 avec une plus grande force à la marche de Bonaparte ; ce qui paraît encore plus important depuis la lettre que le maréchal Ney a écrite au sujet de son attaque de ce jour.

Je ne doute pas que si le maréchal eût pu prévoir alors qu'il écrivit cette lettre, que presque tout un corps de notre infanterie et toute notre cavalerie étaient alors absens, il n'eût appuyé plus fortement sur cet argument.

Rien n'est plus facile que de tirer de là ces conséquences : que dans notre état de faiblesse à ce moment, il est très-probable que nous eussions été obligés d'abandonner le champ de bataille, si on eût porté de plus grandes forces contre nous; mais d'un autre côté, les Prussiens auraient pu être victorieux : car, quoique le corps détaché du maréchal Ney puisse n'avoir pas donné, sa présence a sans doute permis d'engager une autre division, dont sans cela on aurait pu avoir besoin ailleurs.

Le maréchal Ney est trop bon soldat pour ne pas sentir la nécessité d'avoir toujours quelques troupes en réserve. Le corps qu'il dit avoir été paralysé, fut évidemment considéré par Bonaparte, comme la réserve de ces deux armées attaquantes; c'est pourquoi il le plaça entr'elles deux, afin qu'il pût soutenir l'une ou l'autre. Quant à son plan de laisser un corps pour soutenir les Prussiens en échec, et d'attaquer les Anglais, il est vrai, comme je l'ai dit plus haut, que nous aurions pu être forcés à reculer; mais le maréchal aurait vu que les Prussiens ne sont pas faciles à tenir en échec, ils se seraient défiés du projet de l'ennemi, auraient assurément avancé contre son front, et de là se seraient portés sur le flanc et les derrières des troupes qui nous auraient attaqués.

Pour répondre au reproche qu'on nous fait de ne nous être pas assez tôt préparés à la rencontre de l'ennemi, vous savez très-bien qu'il est toujours au pouvoir de l'armée qu'il attaque, de tomber sur un point particulier de la ligne ennemie avant qu'on puisse lui opposer une force égale, et cela, plus spécialement au commencement d'une campagne, lorsqu'on avance de ses cantonnemens contre un ennemi qui a une longue ligne de frontières à garder. L'endroit par lequel les Français entrèrent en Belgique, était assurément le point où il était le plus probable qu'ils tenteraient de le faire : c'était là que la gauche des Anglais se joignit à la droite des Prussiens; c'était en outre,

et celle que ne défendaient aucunes places fortes. Trois corps prussiens et un des nôtres étaient campés à tout au plus 24 heures de marche de ce point ; il était donc presque certain que l'ennemi ne pourrait avancer avec des forces suffisantes pour battre ce qui était prêt à s'opposer à lui, avant que ces corps ne fussent joints par les autres troupes anglaises et prussiennes qui étaient détachées à l'extrémité de nos lignes ; et certes cela n'arriva pas ; car il est évident que bien que les Prussiens aient été défaits, nous fûmes victorieux ; et que si nous eussions été vaincus, il est probable que les Prussiens auraient été vainqueurs.

Quant à la possibilité de prévenir l'attaque sur ce point, et d'en approcher davantage nos troupes, cela aurait été exposer aux incursions des petits corps ennemis qui pouvaient avoir pénétré entre ces forteresses, toute la partie de la Belgique comprise entre la mer et la rivière de Dender, et en même-temps les forteresses elles-mêmes, qui pouvaient à peine résister à un coup de main.

La cavalerie ne pouvait être cantonnée que sur la Dender, par rapport aux fourrages. De fait, il était donc impossible de rien changer aux cantonnemens de l'armée, sans difficulté ou danger, avant de savoir positivement quelles étaient les intentions de l'ennemi. Aussitôt qu'on le sut, les ordres furent donnés en conséquence, et si, dans leur marche pour se rassembler, nos corps éprouvèrent quelques retards occasionnés par les mauvais chemins, ce fut un malheur qui ne pouvait être prévu par le général en chef. Ceci peut être attesté par le corps du lord Hill et par toute la cavalerie.

Je vous ai dit que notre retraite le 17, ne nous fut nullement agréable ; vous savez que rien n'influe davantage sur le moral d'une armée, et qu'il est fort peu de cas où cela puisse arriver sans affaiblir beaucoup son ardeur.

La nôtre, cependant, n'eut aucunement les conséquences d'une défaite, et la confiance de nos soldats n'en fut en rien diminuée ; c'est maintenant que je vois que c'est la chose la plus heureuse qui ait pu nous arriver. Dans aucunes circonstances une bataille livrée en avant des Quatre-Bras, n'aurait pu produire des résultats aussi glorieux que celle du 18. En supposant même que nous eussions nous-mêmes attaqué et défait l'ennemi, la nature du terrain entre leur position et la Sambre, était telle, qu'elle aurait rendu presqu'impossible qu'une victoire fût décisive. Un pays plat, semé de bois, offrait toute facilité de couvrir une retraite, et aurait donné à Bonaparte les moyens d'assurer la sienne, si pendant les mouvemens de ces trois jours, il eût éprouvé un revers à tout autre endroit qu'à celui où il fut vaincu. En faisant ces remarques, je suppose que les Prussiens ont gardé leur position du 16. Lorsqu'ils reculèrent, nous n'eûmes pas à balancer pour quitter notre position des Quatre-Bras ; c'est sur-tout maintenant qu'il me paraît certain que si nous l'eussions gardée un peu plus long-temps, toutes les forces qui nous attaquèrent le lendemain, nous auraient alors assaillis. Bonaparte n'attendait que l'arrivée du corps de cavalerie qui avait été opposé aux Prussiens le soir précédent, et ce fut ce même corps qui se montra au moment où notre avant-garde commençait à se mettre en mouvement pour abandonner le terrain.

On a dit que si les Français eussent été vaincus, leur intention était de ne point faire de quartier. La petite quantité de prisonniers qu'ils firent chaque fois qu'ils en eurent l'occasion, et la conduite de leurs lanciers (dont toute l'armée fut témoin) qui parcouraient le champ de bataille en achevant les blessés (1), justifient l'opinion que telle était généralement l'intention des soldats ; mais ce qui prouve que Bonaparte n'avait donné aucun ordre à cet effet, c'est qu'il traita avec honnêteté un ou deux officiers qui furent pris. Ces officiers furent insultés, battus et maltraités de toutes les façons, dès qu'ils furent sortis de sa présence. Cette conduite de la part des soldats français fit seulement que les nôtres usèrent de représailles ; les hommes de plusieurs de nos régimens de cavalerie criaient, en chargeant l'ennemi à la fin du jour : « *no quarter!* pas de quartier ! » et ils ne firent aucuns prisonniers.

Un fait curieux et digne de remarque, c'est que dans une bataille où l'on mit tant d'acharnement de part et d'autre, il n'y eut que peu d'exemples d'infanterie française et anglaise se chargeant à la baïonnette. Un carré de garde impériale étant à un moment arrivé près de la crête de notre position, incommodait fort de là, un bataillon de nos gardes, par leur mousqueterie. Les gardes avancèrent pour les charger ; mais l'élite de Napoléon se retira prudemment, laissant par terre un grand

---

(1) Le colonel Ponsonby, qui après une charge de son régiment, était resté blessé sur le terrain, fut après percé par un lancier qui le voyant remuer, s'écria : « *Ah! vous n'étes pas mort!* », et aussitôt il le frappa croyant le tuer. La blessure n'était heureusement pas mortelle ; le colonel resta toute la nuit sur le champ de bataille, et bientôt il sera rendu à ses amis et à toute l'armée dont il est un des plus grands ornemens.

nombre des siens tués par le feu que les nôtres firent sur elle, quand ils virent qu'elle n'était point disposée à attendre leur abord à la baïonnette. La circonstance de la pluie qui tomba par torrens le 17, fut, je l'avoue, très-favorable pour nous. Notre infanterie ayant de bonne heure, ce jour là, atteint la position qu'elle devait défendre, eut le temps de sécher ses armes, de faire son dîner et de prendre quelque repos pendant la nuit ; au lieu que la plus grande partie de l'armée française dut, pour pouvoir nous attaquer aussitôt qu'elle le fit le matin du 18, marcher presque toute la nuit, ou au moins se mettre en route de si bonne heure ce jour-là, que les troupes devaient être très-fatiguées avant de commencer l'action. Le terrain sur lequel il fallait qu'elles avançassent, était bourbeux et glissant; elles éprouvaient toutes sortes de difficultés pour mettre leurs canons en batterie, là où elles en avaient besoin ; tandis que notre artillerie et notre infanterie étaient déjà à leurs postes respectifs. Ce fut une chance en notre faveur qui, je crois, contribua beaucoup à la défaite de l'ennemi, et aux glorieuses conséquences qui s'ensuivirent; car la difficulté qu'éprouvait l'artillerie ennemie à prendre part à l'action, se fit sentir à un degré dix fois plus grand, lorsqu'elle fut forcée de battre en retraite à travers des terres boueuses et après les fatigues du jour. En disant ceci, je suis loin de vouloir insinuer que ce n'est point à notre valeur seule que nous sommes redevables de la victoire; je suis persuadé, sans rien prétendre contre nos braves alliés, que toutes autres troupes, sous un autre général, auraient inévitablement été battues. En général, dans toutes les batailles, il arrive

armée ; j'ai cru devoir dire de bonne foi ce qui nous a été avantageux.

Je ne puis faire qu'une estimation incertaine du nombre de troupes que chacun avait en ligne. En déduisant le corps détaché à Hal, je crois que nous devions à peine excéder 50,000 hommes d'infanterie, si même nous les avions (le rapport prussien porte nos forces à 80,000 hommes, ce qui certes est faux), 10,000 hommes de cavalerie, et à peu près 90 ou 100 pièces de canon. Les Prussiens avancèrent entièrement avec trois corps à ce que je crois ; mais fort peu d'entr'eux furent engagés. A chacun de ces corps étaient attachés environ 3500 hommes de cavalerie, avec de l'artillerie en proportion, et chaque infanterie devait être de 25,000 hommes effectifs. Les Français ne pouvaient avoir (indépendamment du corps détaché à Wavre, contre les Prussiens) moins de 90,000 hommes d'infanterie, de 12 à 15,000 de cavalerie, et de 300 pièces d'artillerie. Si j'erre sur la force de l'infanterie et de la cavalerie, le nombre des canons est aussi exact que possible, puisque nous les avons pris presque tout.

Il m'est encore plus impossible d'établir exactement la perte qu'éprouva chacune des armées ; celle des Anglais a été publiée dans la gazette. Les Belges et les Brunswickois perdirent à peu près un tiers de leur monde. Je ne sais comment estimer celle des Prussiens ; mais elle dut être une bagatelle en comparaison de la nôtre. Les Français souffrirent horriblement : ils doivent avoir perdu plus du double de nous. Il a été constaté que plus de 35,000 corps ont été enterrés et brûlés par les paysans chargés de ce service, et que plus des

que le nombre de ceux qui périrent dans l'action fut si grand; mais il est certain que tous les partis s'accordent pour convenir que jamais bataille ne fut plus sanglante, et qu'il n'existe pas un exemple d'un si petit espace couvert d'une aussi grande quantité de morts.

La marche rapide des Prussiens sur Paris est digne de remarque et d'admiration; elle fait un honneur infini au général et aux troupes. La grandeur de nos pertes, la fatigue de notre armée et plusieurs autres causes nous retinrent un jour en arrière d'eux; mais il est étonnant qu'après une telle bataille, nous ayons encore pu nous porter en avant comme nous l'avons fait. Notre prompte arrivée devant la capitale fut d'un grand effet, et le moindre retard aurait pu devenir dangereux.

Je finirai cette longue histoire par quelques observations sur la conduite de Bonaparte.

Son ami, le maréchal Ney, a déjà, avec une plume plus savante que la mienne, dévoilé au monde entier les fautes qu'il a commises. Je me contenterai donc d'observer que si, le 18, lorsqu'il nous attaqua, il ignorait la position de l'armée prussienne, son attaque dans ce cas fut inconsidérée et *inmilitaire*, car il aurait dû s'en assurer d'abord; si, au contraire, il était prévenu qu'elle était entre Wavre et nous, et que nous communiquions avec elle, il agit témérairement et sans jugement en portant toutes ses forces contre nous; car il aurait dû prévoir la possibilité du mouvement qu'elle fit. Dans aucune circonstance, l'attaque d'une position à laquelle on ne pouvait arriver que par une grande route, sur laquelle se

mant un pont étroit qu'il fallait traverser en cas de défaite, ne pouvait être qu'une tentative dangereuse, quand bien même toutes les forces de l'ennemi eussent été en ligne devant lui ; mais faite alors qu'il était possible que les Prussiens l'attaquassent en flanc pendant qu'il nous combattait en front, elle semble un acte de désespoir qu'on peut à peine expliquer dans un homme dont la réputation militaire s'éleva si haut, et qui, pour lui rendre justice, a exécuté plusieurs des exploits militaires les plus brillans que l'histoire puisse citer.

Je prévois qu'on peut me regarder comme un présomptueux, de prétendre critiquer la conduite d'un tel homme ; mais vous devez vous rappeler que les plus grands généraux commettent parfois des fautes telles qu'en ferait le moindre soldat. Je sais qu'il existe des gens qui considèrent la marche de Bonaparte et les attaques qui la suivirent, comme le meilleur et seul moyen qui s'offrit à lui de s'opposer aux alliés, et de conserver le trône qu'il avait usurpé. J'avoue moi-même que je ne puis la regarder que comme une témérité à laquelle il fut poussé par le penchant qui (si vous examinez sa conduite pendant ses différentes campagnes) le porta à ne jamais se tenir sur la défensive en attendant patiemment qu'on l'attaquât, et qui lui fit toujours entreprendre, par quelque grand effort et le sacrifice de milliers d'hommes, d'effectuer ce que d'autres généraux auraient assuré par une tactique à la Fabien. J'ai souvent entendu dire que s'il eût battu les Anglais (et durant la bataille, il y eut des instans où il fut près de le faire), la campagne était finie, et qu'il ne serait resté aucun espoir aux alliés. Quelque terribles qu'eussent été je ne puis voir ce qu'il aurait eu d'entièrement fatal à la cause en général. Le jour de la bataille, outre les troupes qui prirent part à l'action, nous avions un corps de 12 à 15,000 hommes détachés sous les ordres du prince Frédéric d'Orange et du général Corville : or, comme on ne peut supposer que nous aurions pu éprouver une défaite qui détruisît toute notre armée, ceux qui auraient battu en retraite se réunissant aux corps que je viens de citer, auraient formé une force encore très-respectable ; pendant que les Prussiens, dont l'armée était presqu'aussi forte que celle des Français après les pertes que nous leur avions fait éprouver, auraient indubitablement détruit le petit corps de 25,000 hommes au plus, détaché sous les ordres du maréchal Grouchy pour les observer; et avançant alors sur le flanc et les derrières des Français, les auraient empêché de recueillir aucun avantage marquant de leurs succès, quelque décisifs qu'ils eussent été en ce qui nous concernait immédiatement. Il est bon aussi de dire que les troupes de toutes les autres puissances étaient sur le point d'entrer en France, et que des armées très-faibles leur étaient opposées, Bonaparte ayant rassemblé toutes ses meilleures troupes pour faire l'audacieuse tentative dans laquelle, grâce à la valeur anglaise et prussienne, il succomba si complètement. Vous sentirez bien que je ne fais ces observations que pour répliquer à ce que j'entends avancer journellement, que « si nous avions été vaincus, tout » était perdu. »

Je crois qu'il n'est pas douteux maintenant, d'après les dispositions que montra le peuple français, que si Bonaparte au lieu de prendre le parti audacieux auquel le porta sa confiance dans sa

l'intégrité du territoire français, et à ne tirer le premier coup de canon que lorsque l'ennemi aurait passé ses frontières ; je crois indubitable, dis-je, que quand bien même les forces alliées auraient vu leurs efforts couronnés de succès, elles auraient trouvé l'entreprise plus difficile, et que la perte des hommes eût été bien plus considérable qu'elle n'a été pendant la courte campagne qui produisit le renversement du tyran et l'occupation de la capitale.

Je suis bien sincèrement
votre affectionné, etc.

P. S. J'avais pensé que pour vous qui vîtes si souvent un champ de bataille, il était peu nécessaire de faire la description de l'affreux tableau qu'offrait cette journée ; mais il surpasse tellement tout ce que vous pouvez avoir vu, que je ne puis, après tout, me dispenser d'essayer de vous le peindre avec des couleurs qui, je vous assure, seront très-loin de la réalité.

A l'endroit où se portèrent les plus furieux coups, la terre était couverte de morts et de mourans ; un amas d'armes et de débris de toute espèce, couvrait entièrement ce champ de désolation : partout on voyait des chevaux sans cavaliers, d'autres que la douleur de leurs blessures et la fatigue avaient rendu féroces ; d'autres, enfin, horriblement mutilés, gisaient sans mouvement dans des flots de sang. Pendant les charges que notre cavalerie et celle de l'ennemi faisaient alternativement sur la même place, les blessés des deux armées étaient indistinctement foulés aux pieds, et les souffrances de ceux que la cruauté de leurs blessures empêchait de chercher leur salut en se traînant jusqu'aux ambulances, étaient ainsi portées à leur comble; l'horreur de cette scène était augmentée par l'explosion continuelle des bombes, et quelquefois par celle de caissons remplis de munitions. Je ne vous donne encore qu'une faible idée de tout ce qui se passa pendant ces épouvantables heures de destruction et de mort, dont l'effrayant souvenir ne pourra jamais s'effacer de la mémoire de ceux qui eurent le bonheur d'y survivre.

Sur l'arrière-penchant de la montagne que nous couronnions, chaque creux, chaque petite inégalité du terrain étaient remplis de blessés qui avaient encore eu la force de se traîner jusque-là, dans l'espoir d'y trouver un abri contre les boulets et les obus de l'ennemi. Ce qu'il est affreux de décrire, et qu'on ne peut avoir vu sans frémir, est le spectacle hideux de cette masse d'hommes et de femmes qui suivent l'armée, et que la soif du butin pousse jusqu'aux lieux où leurs vies mêmes sont exposées; on voyait jusqu'à des soldats blessés qui, oubliant leurs douleurs dans leur acharnement au pillage, dépouillaient leurs compagnons prêts à pousser leur dernier soupir. Sur notre front, les blessés français, plus infortunés encore, étaient en grand nombre entassés les uns sur les autres; hors d'état de regagner leurs corps, ils étaient écrasés en même-temps par le feu de leurs ennemis et celui de leurs amis. La route qui conduit à Bruxelles, couverte d'une immense quantité de blessés, paraissait l'être par une armée en colonne de marche, tandis que les fermes et les enclos voisins étaient encombrés de malheureux presque taillés en pièces, qui avaient rampé jusqu'à cette distance, et formaient une horrible masse d'expirans et d'expirés.

RAPPORT ANGLAIS
SUR LA BATAILLE DE WATERLOO.

Londres, Gazette extraordinaire (22 juin 1815).

LETTRE

Du Duc Wellington au Comte Barthurst.

Waterloo, 19 juin 1815.

Milord,

Napoléon ayant réuni du 10 au 14 de ce mois, les premier, deuxième, troisième, quatrième et sixième corps de l'armée française, ainsi que la garde impériale, et presque toute la cavalerie, sur la Sambre et sur le terrain situé entre cette rivière et la Meuse, s'avança le 15, à la pointe du jour, et attaqua les postes prussiens établis à Thuin et à Lobez, sur la Sambre.

Je ne connus ces événemens que dans la soirée du 15; et sur-le-champ je donnai l'ordre aux troupes de se préparer à marcher; ensuite je les fis diriger contre la gauche de l'ennemi, aussitôt que j'eus appris que son mouvement s'opérait sur Charleroi.

L'ennemi chassa, ce jour-là, les postes prusssiens de leurs positions sur la Sambre. Le général Zeiten qui commandait le corps de troupes établi à Charleroi, se retira sur Fleurus. Le maréchal prince Blucher concentra l'armée prussienne sur Sombref, occupant les villages de Saint-Amand et de Ligny, situés en face de sa position.

L'ennemi continua sa marche sur la route de Charleroi à Bruxelles, et dans la soirée du même jour, le 15, il attaqua une brigade de l'armée hollandaise sous le commandement du prince de Weimar, laquelle était postée à Frasne, et il la força de se retirer jusqu'à la ferme nommée les Quatre-Bras, située sur le chemin.

Le prince d'Orange la renforça de suite d'une autre brigade de la même division, commandée par le général Perpoucher, et le lendemain matin de bonne heure, il reprit le terrain qu'il avait perdu; ce qui le rendit maître des communications avec la position du maréchal Blucher par Nivelles et Bruxelles.

Dans l'intervalle, j'avais fait marcher toute l'armée sur les Quatre-Bras, et la division aux ordres du lieutenant-général Picton arriva à deux heures et demie du soir, suivie du corps de troupes du duc de Brunswick, et ensuite du contingent de Nassau.

En même-temps l'ennemi commença à attaquer, avec toutes ses forces, le Prince Blucher, à l'exception des premier et deuxième corps, et d'un corps de cavalerie du général Kellermann, qui attaqua notre position aux Quatre-Bras.

L'armée prussienne conserva sa position avec sa bravoure et sa persévérance accoutumées : malgré la grande disparité des forces, le quatrième corps, sous les ordres du général Bulow, n'ayant point encore rejoint, il me fut impossible de lui donner du renfort, comme je le désirais, étant attaqué moi-même, et les troupes, sur-tout la cavalerie, qui avaient une longue marche à faire pour me joindre, n'étant point encore arrivées.

Nous conservâmes aussi notre position, et repoussâmes les efforts que fit l'ennemi pour s'en rendre maître. Il nous attaqua à plusieurs reprises avec des corps nombreux d'infanterie et de cavalerie, soutenus par une artillerie formidable; fit plusieurs charges de cavalerie sur notre infanterie, et fut toujours repoussé avec la plus grande vigueur. Dans cette affaire, S. A. R. le prince d'Orange, le duc de Brunswick, le lieutenant-général Thomas Picton, le major-général sir James Kempt, et sir Denis Pack, qui se trouvèrent engagés depuis le commencement de l'affaire, se distinguèrent, ainsi que le lieutenant-général baron Alten; major-général Halken; lieutenant-général Cooke; majors-généraux Maitland et Bing, à mesure qu'ils arrivèrent successivement. Les troupes de la cinquième division, et celles du corps de Brunswick furent engagées pendant long-temps, et se conduisirent avec la plus grande bravoure, sur-tout les vingt-huitième, quarante-deuxième, soixante-dix-neuvième et quatre-vingt-douzième, ainsi que le bataillon d'Hanovriens.

Notre perte a été considérable, comme votre seigneurie le verra par les états que j'envoie. J'ai particulièrement à regretter S. A. S. le duc de Brunswick, qui a été tué en combattant vaillamment à la tête de ses troupes.

Quoique le maréchal Blucher eût conservé sa position à Sombref, il se trouva si affaibli par la violence du combat qu'il avait eu à soutenir, qu'il se détermina, lorsqu'il vit que le quatrième corps n'arrivait pas, à reculer et à concentrer son armée sur Wavre. Il se mit en marche dans la nuit après que l'affaire fut finie.

Ce mouvement du maréchal m'obligea à en faire un correspondant, et je me retirai de la ferme des Quatre-Bras sur Genappe, et le lendemain 17, à dix heures du matin, je me portai sur Waterloo.

L'ennemi ne fit aucun mouvement pour poursuivre le maréchal Blucher ; au contraire, une patrouille que j'envoyai dans la matinée à Sombref, trouva tout tranquille, et les vedettes de l'ennemi se retirèrent à l'approche de la patrouille. L'ennemi ne fit non plus aucune tentative pour inquiéter notre arrière-garde, quoique notre retraite s'opérât en plein jour ; il se contenta de faire suivre par un gros corps de cavalerie, tiré de son aile droite, la cavalerie sous les ordres du comte d'Uxbridge ; ce qui fournit l'occasion à lord Uxbridge de faire une charge à la tête du premier régiment des gardes au moment où l'ennemi débouchait du village de Genappe ; sa seigneurie se loue de la conduite de ce régiment dans cette occasion.

La position que je pris en avant de Waterloo, coupait les grand'routes de Charleroi et de Nivelles, et était appuyée sur la droite à un ravin près Merke-Braine, qui fut occupé ; la gauche s'étendait à une hauteur qui couronne le hameau Ter-la-Haye, qui fut également occupé. En tête, la droite de notre centre, et près la route de Nivelles, nous occupions la maison et le jardin de Hougoutmons, ce qui, de ce côté, couvrait notre flanc ; en tête de notre centre, sur la gauche, nous occupions la ferme de la Haye-Sainte. Par notre gauche, nous communiquions par Ohaim avec le maréchal prince Blucher, qui se trouvait à Wavre. Ce maréchal m'avait promis, dans le cas où nous serions attaqués, de me soutenir par un ou plusieurs de ses corps, selon que cela serait jugé nécessaire.

Dans la nuit du 17 et dans la matinée d'hier, l'ennemi rassembla toute son armée, à l'exception du troisième corps, qui fut envoyé pour observer le maréchal Blucher, sur une chaîne de hauteurs qui nous faisaient face, et vers les dix heures il attaqua avec la plus grande vigueur notre poste à Hougoutmons. J'avais fait occuper ce poste par un détachement de la brigade des gardes sous les ordres du général Bing, qui se tint en position en arrière. Ce poste fut pendant quelque temps sous les ordres du lieutenant-colonel Macdonel, et ensuite sous ceux du colonel Home; et il m'est agréable de pouvoir ajouter que pendant toute la journée il fut maintenu avec la plus grande intrépidité par ces braves troupes, nonobstant les efforts répétés de l'ennemi pour s'en emparer.

Cette attaque sur la droite de notre centre fut accompagnée d'une forte canonnade sur toute notre ligne, dont l'objet était de soutenir les charges de cavalerie et d'infanterie faites à plusieurs reprises, tantôt simultanément, tantôt l'une après l'autre. Dans une de ces charges, l'ennemi enleva la ferme de la Haye-Sainte; le détachement d'infanterie légère à qui la garde en était confiée, ayant épuisé toutes ses munitions, et ne pouvant en recevoir, parce que l'ennemi occupait la seule communication que nous avions avec ce point.

L'ennemi chargea à plusieurs reprises notre infanterie avec sa cavalerie, mais ce fut sans succès, et il ne fit par-là que fournir à notre cavalerie l'occasion de faire plusieurs charges brillantes, dans lesquelles se sont particulièrement distinguées la brigade de lord E. Sommerset, composée des gardes-du-corps, des gardes-royaux et du premier régiment de dragons de la garde, et celle du major-général sir N. Ponsonby, qui se sont emparées de plusieurs aigles, et ont fait un grand nombre de prisonniers.

Ces attaques furent répétées jusqu'à environ

sept heures du soir, que l'ennemi fit une attaque désespérée avec sa cavalerie et son infanterie, soutenues par le feu de l'artillerie, pour forcer la gauche de notre centre près de la ferme de la Haye-Sainte. Après un combat obstiné, il fut défait, et ayant remarqué que ses troupes se retiraient dans une grande confusion, et que le corps de Bulow avait commencé à marcher par Frischermont sur Planchenoit et la Belle-Alliance, dès que je pus apercevoir le feu de ses canons, et que le maréchal Blucher avait joint en personne avec un corps de son armée la gauche de notre ligne par Ohain, je me décidai à attaquer l'ennemi, et fis avancer toute la ligne d'infanterie soutenue par la cavalerie et l'artillerie.

L'attaque réussit complètement sur tous les points, l'ennemi fut chassé de sa position sur les hauteurs, et se retira dans la plus grande confusion, laissant derrière lui, autant que j'en puis juger, 150 pièces de canon avec leurs munitions qui tombèrent entre nos mains. Je continuai à le poursuivre longtemps après la chute du jour, et ne cessai qu'à raison de la fatigue de nos troupes, qui combattaient depuis douze heures, et de ce que le maréchal Blucher, avec qui je me trouvai sur la même route, m'assura qu'il poursuivrait l'ennemi toute la nuit. il m'a fait savoir ce matin qu'il avait pris soixante pièces de canon de la garde impériale, et plusieurs voitures, bagages, etc., de Napoléon qui se trouvait à Genappe.

Je me propose de marcher ce matin sur Nivelles, et de ne pas discontinuer mes opérations.

Votre seigneurie remarquera qu'une affaire aussi désespérée, et de tels avantages ne peuvent avoir eu lieu sans une grande perte, et j'ai la douleur d'ajouter que la nôtre a été immense. S. M. a perdu dans le lieutenant-général Thomas Picton, un officier qui s'était distingué si souvent à son service ; il est mort glorieusement en conduisant sa division à une charge à la baïonnette, qui a repoussé une des plus sérieuses attaques que l'ennemi eût faites sur notre position.

Le comte d'Uxbridge, après avoir toute la journée, combattu avec succès, a reçu une blessure presqu'au dernier coup qui a été tiré, et je crains que S. M. ne soit privée pour quelque temps de ses services.

S. A. R. le prince d'Orange s'est distingué par sa bravoure, jusqu'à ce qu'il ait été blessé à l'épaule, d'une balle de fusil, ce qui l'a obligé à quitter le champ de bataille.

J'ai la satisfaction d'assurer V. S. que l'armée ne s'est mieux conduite dans aucune occasion. La division des gardes du lieutenant-général Cooke, qui est grièvement blessé ; les majors-généraux Maitland et Byng ont donné un exemple qui a été suivi par tous, et il n'y a point d'officier ni de corps de toute arme qui ne se soient bien conduits.

Je dois pourtant recommander particulièrement à l'attention de S. A. R. le lieutenant-général Henri Clinton, le major-général Adam, le lieutenant-général Charles baron Alten, grièvement blessé, ainsi que le major-général Colin Halhet ; les colonels Ompteda, Mittchell, qui commandaient une brigade de la quatrième division ; les majors-généraux James Kempen et Denis Pack, Lambert, lord Sommerset, sir William Ponsonby, Charles Grant, H. Vivian, O. Vandeleur et comte Domberg. Je dois aussi beaucoup dans cette occasion, comme dans toutes les autres, au secours du général lord Hill.

L'artillerie et le génie ont été dirigés à ma satisfaction par les colonels sir G. Wood et Smith, et j'ai tout lieu d'être content de la conduite du lieutenant-général Barnes, qui a été blessé, et du quartier-maître général colonel Delancy, qui a été tué par un boulet dans le milieu de l'affaire. La perte de cet officier est en ce moment fort à regretter pour le service de S. M., ainsi que pour moi en particulier. Je dois aussi beaucoup au courage du lieutenant-colonel lord Fitzroy Sommerset, qui a été grièvement blessé, ainsi qu'aux officiers de mon état-major qui ont beaucoup souffert dans l'affaire. Le lieutenant-colonel sir Alex. Gordon, qui est mort de ses blessures, était un officier de la plus grande espérance.

Le général Krusse, au service de Nassau, s'est également conduit à ma satisfaction, ainsi que le général Trip, commandant la brigade de grosse cavalerie, et le général Vanhope, commandant une brigade d'infanterie du roi des Pays-Bas.

Les généraux Pozzo di Borgo, Vincent, Mufflin et Alosa ont assisté à toute l'affaire, et m'ont rendu tous les services qui étaient en leur pouvoir. Le général Vincent est blessé légèrement, et le général Pozzo di Borgo a reçu une contusion.

Je dois rendre justice au maréchal Blucher et à l'armée prussienne; en attribuant l'heureux résultat de cette terrible journée aux secours qu'ils m'ont donnés à propos, et avec la plus grande cordialité.

Le mouvement du général Bulow sur les flancs de l'ennemi, a été décisif; et si je ne m'étais pas trouvé moi-même en position de faire l'attaque qui a décidé de l'affaire, il aurait forcé les Français à se retirer si leurs attaques n'avaient pas réussi, et les aurait au moins empêchés d'en tirer aucun fruit, si elles avaient eu du succès.

J'envoie avec cette dépêche deux aigles que nos troupes ont prises dans l'affaire, et que le major Percy aura l'honneur de mettre aux pieds de S. A. R. Je prends la liberté de le recommander à la protection de V. S.

J'ai l'honneur, etc.

Signé WELLINGTON.

Supplément à la Gazette de Londres, du samedi 1er juillet 1815.

Le comte Barthurst vient de recevoir de Sa Grâce le duc de Wellington, la dépêche suivante datée d'Orville, le 20 juin 1815.

MILORD,

Ayant appris avec quelle inquiétude on attend en Angleterre l'arrivée de la liste des militaires tués ou blessés dans les dernières affaires, je vous adresse maintenant celle des officiers, et j'espère, par le courrier de ce soir, pouvoir vous envoyer celle des officiers non commissionnés et des soldats. Leur nombre se monte à 12 ou 13,000 hommes tant anglais que hanovriens. Votre seigneurie verra sur cette liste, les noms de plusieurs officiers de mérite perdus pour le service de sa majesté. Parmi eux, je dois citer particulièrement les colonels Cameron et S. H. Ellis des quatre-vingt-douzième et vingt-troisième régimens, sur la conduite desquels j'ai souvent appelé l'attention de votre seigneurie, et qui périrent en se distinguant à la tête des braves qu'ils commandaient.

Malgré leur fin glorieuse, il est impossible de ne pas plaindre la patrie et les amis qui perdent de tels hommes.

J'ai l'honneur d'être, etc.,

WELLINGTON.

Cette lettre, dans l'ouvrage anglais, est suivie de 17 pages de listes nominatives des officiers anglais et hanovriens qui ont été tués ou blessés pendant les trois jours, et dont voici la récapitulation.

Tués.

1 Lieutenant-général, 1 général-major, 3 colonels, 8 lieutenans-colonels, 10 majors, 49 capitaines, 40 lieutenans, 23 enseignes, 3 cornettes et 5 adjudans.

Blessés.

S. A. R. le prince d'Orange, 2 lieutenans-généraux, 7 généraux-majors, 14 colonels, 50 lieutenans-colonels, 43 majors, 163 capitaines, 289 lieutenans, 84 enseignes, 9 cornettes, 21 adjudans, 3 volontaires, 2 chirurgiens.

RAPPORT FRANÇAIS.

BATAILLE DE LIGNY SOUS FLEURUS.

Le 16 au matin, l'armée occupait les positions suivantes :

L'aile gauche, commandée par le maréchal duc d'Elchingen, et composée du premier et du deuxième corps d'infanterie et du deuxième de cavalerie, occupait les positions de Frasne.

L'aile droite, commandée par le maréchal Grouchy, et composée des troisième et quatrième corps d'infanterie et du troisième corps de cavalerie, occupait les hauteurs derrière Fleurus.

Le quartier-général de l'empereur était à Charleroi, où se trouvaient la garde impériale et le sixième corps.

L'aile gauche eut l'ordre de marcher sur les Quatre-Bras, et la droite sur Sombref. L'empereur se porta à Fleurus avec sa réserve.

Les colonnes du maréchal Grouchy étant en marche, aperçurent après avoir dépassé Fleurus, l'armée ennemie, commandée par le feld-maréchal Blucher, occupant les plateaux du moulin de Bussy, par la gauche, le village de Sombref, et prolongeant sa cavalerie fort avant sur la route de Namur: sa droite était à Saint-Amand, et occupait ce gros village avec de grandes forces, ayant devant elle un ravin qui formait sa position.

L'empereur fut reconnaître la force et les positions de l'ennemi, et résolut d'attaquer sur-le-champ. Il fallut faire un changement de front, la droite en avant et en pivotant sur Fleurus.

Le général Vandamme marcha sur Saint-Amand, le général Gérard sur Ligny et le maréchal Grouchy sur Sombref. La quatrième division du deuxième corps, commandée par le général Girard, marcha en réserve derrière le corps du général Vandamme. La garde se rangea à la hauteur de Fleurus, ainsi que les cuirassiers du général Milhaud.

A trois heures après-midi ces dispositions furent achevées. La division du général Lefol, faisant partie du corps du général Vandamme, s'engagea la première, et s'empara de Saint-Amand, d'où elle chassa l'ennemi à la baïonnette. Elle se maintint pendant tout le combat au cimetière et au clocher de Saint-Amand ; mais ce village, qui est très-étendu, fut le théâtre de différens combats pendant la soirée ; tout le corps du général Vandamme y fut engagé, et l'ennemi y engagea des forces considérables.

Le général Girard placé en réserve du corps du général Vandamme, tourna le village par sa droite et s'y battit avec sa valeur accoutumée. Les forces respectives étaient soutenues de part et d'autre par une soixantaine de bouches à feu.

A la droite le général Gérard s'engagea avec le quatrième corps au village de Ligny, qui fut pris et repris plusieurs fois.

Le maréchal Grouchy à l'extrême droite et le général Pajol combattirent au village de Sombref. L'ennemi montra 80 à 90 mille hommes et un grand nombre de pièces de canon.

A sept heures nous étions maîtres de tous les villages situés sur le bord du ravin qui couvrait la position de l'ennemi ; mais il occupait encore avec toutes ses masses le plateau du moulin de Bussy.

L'empereur se porta avec sa garde au village de Ligny, le général Gérard fit déboucher le général Pecheux avec ce qui lui restait de réserve, presque toutes les troupes ayant été engagées dans ce village. Huit bataillons de la garde débouchèrent à la baïonnette, et derrière eux les quatre escadrons de service, les cuirassiers du général Delort, ceux du général Milhaud, et les grenadiers à cheval de la garde. La vieille-garde aborda à la baïonnette les colonnes ennemies qui étaient sur les hauteurs de Bussy, et en un instant couvrit le champ de bataille de morts. L'escadron de service attaqua et rompit un carré, et les cuirassiers poussèrent l'ennemi dans toutes les directions. A sept heures et demie nous avions 40 pièces de canon, beaucoup de voitures, des drapeaux et des prisonniers, et l'ennemi cherchait son salut dans une retraite précipitée. A dix heures la bataille était finie et nous nous trouvions maîtres de tout le champ de bataille.

Le général Lutzow, partisan, a été fait prisonnier. Les prisonniers assurent que le feld-maréchal Blucher a été blessé. L'élite de l'armée prussienne a été détruite dans cette bataille. Sa perte ne peut être moindre de 15,000 hommes. La nôtre est de 3000 hommes tués ou blessés.

A la gauche, le maréchal Ney avait marché sur les Quatre-Bras, avec une division qui avait culbuté une division anglaise qui s'y trouvait placée. Mais attaqué par le prince d'Orange avec vingt-cinq mille hommes, partie anglais, partie hanovriens à la solde de l'Angleterre, il se replia sur sa position de Frasne. Là, s'engagèrent des combats multipliés; l'ennemi s'attachait à le forcer, mais il le fit vainement. Le duc d'Elchingen attendait le premier corps qui n'arriva qu'à la nuit; il se borna à garder sa position. Dans un carré attaqué par le huitième régiment de cuirassiers, le drapeau du soixante-neuvième régiment d'infanterie anglais, est tombé entre nos mains. Le prince de Brunswick a été tué. Le prince d'Orange a été blessé. On assure que l'ennemi a eu beaucoup de personnages et de généraux de marque tués ou blessés; on porte la perte des Anglais à 4 ou 5000 hommes; la nôtre, de ce côté, a été très-considérable; elle s'élève à 4200 hommes tués ou blessés. Ce combat a fini à la nuit. Lord Wellington a ensuite évacué les Quatre-Bras, et s'est porté sur Genappe.

Dans la matinée du 17, l'empereur s'est rendu aux Quatre-Bras, d'où il a marché pour attaquer l'armée anglaise; il l'a poussée jusqu'à l'entrée de la forêt de Soignes avec l'aile gauche et la réserve. L'aile droite s'est portée par Sombref à la suite du feld-maréchal Blucher, qui se dirigeait sur Wavre, où il paraissait vouloir se placer.

A dix heures du soir, l'armée anglaise occupa Mont-Saint-Jean par son centre, se trouva en position en avant de la forêt de Soignes; il aurait fallu pouvoir disposer de trois heures pour l'attaquer, on fut donc obligé de remettre au lendemain.

Le quartier-général de l'empereur fut établi à la ferme de Caillou, près Planchenoit. La pluie tombait par torrens. Ainsi, dans la journée du 16, la gauche, la droite et la réserve ont été également engagées à une distance d'à peu près deux lieues.

BATAILLE DU MONT SAINT-JEAN.

A neuf heures du matin, la pluie ayant un peu diminué, le premier corps se mit en mouvement, et se plaça, la gauche à la route de Bruxelles, et vis-à-vis le village de Mont-Saint-Jean, qui paraissait le centre de la position de l'ennemi. Le second corps appuya sa droite à la route de Bruxelles, et sa gauche à un petit bois à portée de canon de l'armée anglaise. Les cuirassiers se portèrent en réserve derrière, et la garde, en réserve sur les hauteurs. Le sixième corps avec la cavalerie du général d'Aumont, sous les ordres du comte Lobau, fut destiné à se porter en arrière de notre droite, pour s'opposer à un corps prussien qui paraissait avoir échappé au maréchal Grouchy, et être dans l'intention de tomber sur notre flanc droit, intention qui nous avait été connue par nos rapports, et par une lettre d'un général prussien, que portait une ordonnance prise par nos coureurs.

Les troupes étaient pleines d'ardeur. On estimait les forces de l'armée anglaise à 80 mille hommes; on supposait que le corps prussien, qui pouvait être en mesure vers le soir, pouvait être de 15 mille hommes. Les forces ennemies étaient donc de plus de 90 mille hommes. Les nôtres étaient moins nombreuses.

A midi, tous les préparatifs étant terminés, le prince Jérôme, commandant une division du deuxième corps, et destiné à en former l'extrême gauche, se porta sur le bois dont l'ennemi occupait une partie. La canonnade s'engagea; l'ennemi soutint par 30 pièces de canon les troupes qu'il avait envoyées pour garder le bois. Nous fîmes aussi de notre côté des dispositions d'artillerie. A une heure, le prince Jérôme fut maître de tout le bois, et toute l'armée anglaise se replia derrière un rideau. Le comte d'Erlon attaqua alors le village de Mont-Saint-Jean, et fit appuyer son attaque par 80 pièces de canon. Il s'engagea là une épouvantable canonnade, qui dut beaucoup faire souffrir l'armée anglaise. Tous les coups portaient sur le plateau. Une brigade de la première division du comte d'Erlon s'empara du village de Mont-Saint-Jean; une seconde brigade fut chargée par un corps de cavalerie anglaise, qui lni fit éprouver beaucoup de pertes. Au même moment, une division de cavalerie anglaise chargea la batterie du comte d'Erlon par sa droite, et désorganisa plusieurs pièces ; mais les cuirassiers du général Milhaud chargèrent cette division, dont trois régimens furent rompus et écharpés.

Il était trois heures après midi. L'empereur fit avancer la garde pour la placer dans la plaine sur le terrain qu'avait occupé le premier corps au commencement de l'action, ce corps se trouvant déjà en avant. La division prussienne, dont on avait prévu le mouvement, commença alors à s'engager avec les tirailleurs du comte Lobau, en prolongeant son feu sur tout notre flanc droit. Il était convenable, avant de rien entreprendre ailleurs, d'attendre l'issue qu'aurait cette attaque. A cet effet, tous les moyens de la réserve étaient prêts à se porter au secours du comte Lobau et à écraser les corps prussiens, lorsqu'ils se seraient avancés.

Cela fait, l'empereur avait le projet de mener une attaque par le village de Mont-Saint-Jean, dont on espérait un succès décisif ; mais par un mouvement d'impatience si fréquent dans nos annales militaires, et qui nous a été souvent si funeste, la cavalerie de réserve s'étant aperçue d'un mouvement rétrograde que faisaient les Anglais pour se mettre à l'abri de nos batteries, dont ils avaient déjà tant souffert, couronna les hauteurs du Mont-Saint-Jean et chargea l'infanterie. Ce mouvement qui, fait à temps et soutenu par les réserves, devait décider de la journée, fait isolément et avant que les affaires de la droite ne fussent terminées, devint funeste.

N'y ayant aucun moyen de le contremander, l'ennemi montrant beaucoup de masses d'infanterie et de cavalerie, et les deux divisions de cuirassiers étant engagées, toute notre cavalerie courut au même moment pour soutenir ses camarades. Là, pendant trois heures, se firent de nombreuses charges qui nous valurent l'enfoncement de plusieurs carrés et six drapeaux de l'infanterie anglaise, avantage hors de proportion avec les pertes qu'éprouvait notre cavalerie par la mitraille et les fusillades. Il était impossible de disposer de nos réserves d'infanterie jusqu'à ce qu'on eût repoussé l'attaque du flanc du corps prussien. Cette attaque se prolongeait toujours et perpendiculairement sur notre flanc droit; l'empereur y envoya le général Duhesmes avec la jeune garde et plusieurs batteries de réserve. L'ennemi fut contenu, fut repoussé et recula; il avait épuisé ses forces et l'on n'en avait plus rien à craindre. C'est ce moment qui était celui indiqué pour une attaque sur le centre de l'ennemi. Comme les cuirassiers souffraient par la mitraille, on envoya quatre bataillons de la moyenne garde pour protéger les cuirassiers, soutenir la position, et, si cela était possible, dégager et faire reculer dans la plaine une partie de notre cavalerie.

On envoya deux autres bataillons pour se tenir en potence sur l'extrême gauche de la division qui avait manœuvré sur nos flancs, afin de n'avoir de ce côté aucune inquiétude, le reste fut disposé en réserve, partie pour occuper la potence en arrière de Mont-Saint-Jean, partie sur le plateau en arrière du champ de bataille qui formait notre position de retraite.

Dans cet état de choses la bataille était gagnée,

nous occupions toutes les positions que l'ennemi occupait au commencement de l'action, notre cavalerie ayant été trop tôt et mal employée, nous ne pouvions plus espérer de succès décisifs. Mais le maréchal Grouchy ayant appris ce mouvement du corps prussien, marchait sur le derrière de ce corps, ce qui nous assurait un succès éclatant pour la journée du lendemain. Après huit heures de feux et de charge d'infanterie et de cavalerie, toute l'armée voyait avec satisfaction la bataille gagnée et le champ de bataille en notre pouvoir.

Sur les huit heures et demie, les quatre bataillons de la moyenne garde qui avaient été envoyés sur le plateau au-delà de Mont-Saint-Jean pour soutenir les cuirassiers, étant gênés par sa mitraille, marchèrent à la baïonnette pour enlever ses batteries. Le jour finissait, une charge faite sur leur flanc par plusieurs escadrons anglais, les mit en désordre, les fuyards repassèrent le ravin, les régimens voisins qui virent quelques troupes appartenant à la garde à la débandade, crurent que c'était de la vieille-garde et s'ébranlèrent : les cris tout est perdu, la garde est repoussée, se firent entendre ; les soldats prétendent même que sur plusieurs points des malveillans apostés ont crié *sauve qui peut*. Quoi qu'il en soit, une terreur panique se répandit tout à-la-fois sur tout le champ de bataille, on se précipita dans le plus grand désordre sur la ligne de communication, les soldats, les canonniers, les caissons se pressaient pour y arriver : la vieille-garde qui était en réserve en fut assaillie, et fut elle-même entraînée.

Dans un instant, l'armée ne fut plus qu'une masse confuse, toutes les armes étaient mêlées, et il était impossible de reformer un corps. L'ennemi, qui s'aperçut de cette étonnante confusion, fit déboucher des colonnes de cavalerie ; le désordre augmenta, la confusion de la nuit empêcha de rallier les troupes et de leur montrer leur erreur.

Ainsi une bataille terminée, une journée finie, de fausses mesures réparées, de plus grands succès assurés pour le lendemain, tout fut perdu par un moment de terreur panique. Les escadrons même de service, rangés à côté de l'empereur, furent culbutés et désorganisés par ces flots tumultueux, et il n'y eut plus d'autre chose à faire que de suivre le torrent. Les parcs de réserve, les bagages qui n'avaient point repassé la Sambre, et tout ce qui était sur le champ de bataille sont restés au pouvoir de l'ennemi. Il n'y a eu même aucun moyen d'attendre les troupes de notre droite; on sait ce que c'est que la plus brave armée du monde, lorsqu'elle est mêlée et que son organisation n'existe plus.

L'empereur a passé la Sambre à Charleroi le 19 à cinq heures du matin. Philippeville et Avesnes ont été donnés pour point de réunion. Le prince Jérôme, le général Morand et les autres généraux y ont déjà rallié une partie de l'armée. Le maréchal Grouchy, avec le corps de la droite, opère son mouvement sur la Basse-Sambre.

La perte de l'ennemi doit avoir été très-grande, à en juger par les drapeaux que nous lui avons pris, et par les pas rétrogrades qu'il avait faits. La nôtre ne pourra se calculer qu'après le ralliement des troupes. Avant que le désordre éclatât, nous avions déjà éprouvé des pertes considérables, sur-tout dans notre cavalerie, si funestément et pourtant si bravement engagée. Malgré ces pertes, cette valeureuse cavalerie a constamment gardé la position qu'elle avait prise aux Anglais, et ne l'a abandonnée que quand le tumulte et le désordre du champ de bataille l'y ont forcée. Au milieu de la nuit et des obstacles qui encombraient la route, elle n'a pu elle-même conserver son organisation.

L'artillerie, comme à son ordinaire, s'est couverte de gloire. Les voitures du quartier-général étaient restées dans leur position ordinaire, aucun mouvement rétrograde n'ayant été jugé nécessaire. Dans le cours de la nuit elles sont tombées entre les mains de l'ennemi.

Telle a été l'issue de la bataille de Mont-Saint-Jean, glorieuse pour les armées françaises et pourtant si funeste.

LETTRE

DU MARÉCHAL PRINCE DE LA MOSKOWA,

A S. Exc. M. le Duc d'Otrante.

Monsieur le Duc,

Les bruits les plus diffamans et les plus mensongers se répandent depuis quelques jours dans le public, sur la conduite que j'ai tenue dans cette courte et malheureuse campagne : les journaux les répètent et semblent accréditer la plus odieuse calomnie. Après avoir combattu pendant 25 ans, et versé mon sang pour la gloire et l'indépendance de ma patrie, c'est moi que l'on ose accuser de trahison, c'est moi que l'on signale au peuple, à l'armée même, comme l'auteur du désastre qu'elle vient d'essuyer!

Forcé de rompre le silence, car s'il est toujours pénible de parler de soi, c'est sur-tout lorsque l'on a à repousser la calomnie, je m'adresse à vous, M. le duc, comme président du gouvernement provisoire, pour vous tracer un exposé fidèle de ce dont j'ai été témoin.

Le 11 juin, je reçus ordre du ministre de la guerre, de me rendre au quartier impérial. Je n'avais aucun commandement, ni aucunes données sur la composition et la force de l'armée; l'empereur ni le ministre ne m'avaient jamais rien dit précédemment qui pût même me faire pressentir que je dusse être employé dans cette campagne; j'étais conséquemment pris au dépourvu, sans chevaux, sans équipages, sans argent, et je fus obligé d'en emprunter pour me rendre à ma destination. Arrivé le 12 à Laon, le 13 à Avesnes, et le 14 à Beaumont, j'achetai dans cette dernière ville, de M. le maréchal duc de Trévise, deux chevaux, avec lesquels je me rendis, le 15, à Charleroi, accompagné de mon premier aide-de-camp, le seul officier que j'eusse auprès de moi; j'arrivai au moment où l'ennemi, attaqué par nos troupes légères, se repliait sur Fleurus et Gosselies.

L'empereur m'ordonna aussitôt d'aller me mettre à la tête des premier et deuxième corps d'infanterie, commandées par les lieutenans-généraux d'Erlon et Reille, de la division de cavalerie légère du lieutenant-général Piré, d'une division de cavalerie légère de la garde, sous les ordres des lieutenans-généraux Lefebvre-Desnouettes et Colbert, et de deux divisions de cavalerie du comte de

Valmy, ce qui formait huit divisions d'infanterie, et quatre de cavalerie. Avec ces troupes, dont cependant je n'avais encore qu'une partie sous la main, je poussai l'ennemi et l'obligeai d'évacuer Gosselies, Frasnes, Mellet et Heppignies : là, elles prirent position le soir, à l'exception du premier corps qui était encore à Marchiennes, et qui ne me rejoignit que le lendemain.

Le 16, je reçus l'ordre d'attaquer les Anglais dans leur position des Quatre-Bras; nous marchâmes à l'ennemi avec un enthousiasme difficile à dépeindre : rien ne résistait à notre impétuosité; la bataille devenait générale, et la victoire n'était pas douteuse, lorsqu'au moment où j'allais faire avancer le premier corps d'infanterie, qui jusque-là avait été laissé par moi en réserve à Frasnes, j'appris que l'empereur en avait disposé, sans m'en prévenir, ainsi que la division Girard du deuxième corps, pour les diriger sur Saint-Amand, et appuyer son aile gauche qui était fortement engagée contre les Prussiens. Le coup que me porta cette nouvelle fut terrible; n'ayant plus sous mes ordres que trois divisions au lieu de huit sur lesquelles je comptais, je fus obligé de laisser échapper la victoire, et malgré tous mes efforts, malgré la bravoure et le dévouement de mes troupes, je ne pus parvenir dès-lors qu'à me maintenir dans ma position jusqu'à la fin de la journée. Vers neuf heures du soir, le premier corps me fut renvoyé par l'empereur, auquel il n'avait été d'aucune utilité : ainsi, vingt-cinq à trente mille hommes ont été pour ainsi dire paralysés, et se sont promenés pendant toute la bataille, l'arme au bras, de la gauche à la droite, et de la droite à la gauche, sans tirer

Il m'est impossible de ne pas suspendre un instant ces détails, pour vous faire remarquer, M. le duc, toutes les conséquences de ce faux mouvement, et en général, des mauvaises dispositions prises dans cette journée.

Par quelle fatalité, par exemple, l'empereur, au lieu de porter toutes ses forces contre lord Wellington, qui aurait été attaqué à l'improviste, et ne se trouvait point en mesure, a-t-il gardé cette attaque comme secondaire? Comment l'empereur, après le passage de la Sambre, a-t-il pu concevoir la possibilité de donner deux batailles le même jour? C'est cependant ce qui vient de se passer contre des forces doubles des nôtres, et c'est ce que les militaires qui l'ont vu ont encore peine à comprendre.

Au lieu de cela, s'il avait laissé un corps d'observation pour contenir les Prussiens, et marché avec ses plus fortes masses pour m'appuyer, l'armée anglaise était indubitablement détruite entre les Quatre-Bras et Genappe, et cette position qui séparait les deux armées alliées une fois en notre pouvoir, donnait à l'empereur la facilité de déborder la droite des Prussiens, et de les écraser à leur tour. L'opinion générale, en France, et surtout dans l'armée, était que l'empereur ne voulait s'attacher qu'à détruire d'abord l'armée anglaise; et les circonstances étaient bien favorables pour cela; mais les destins en ont ordonné autrement.

Le 17, l'armée marcha dans la direction de Mont-Saint-Jean.

Le 18, la bataille commença vers une heure, et quoique le Bulletin qui en donne le récit ne fasse aucune mention de moi, je n'ai pas besoin d'affirmer que j'y étais présent.

M. le lieutenant-général comte Drouot a déjà parlé de cette bataille, dans la chambre des pairs; sa narration est exacte, à l'exception toutefois de quelques faits importans qu'il a tus ou qu'il a ignorés, et que je dois faire connaître. Vers sept heures du soir, après le plus affreux carnage que j'aie jamais vu, le général Labédoyère vint me dire de la part de l'empereur, que M. le maréchal Grouchy arrivait à notre droite, et attaquait la gauche des Anglais et Prussiens réunis; cet officier-général, en parcourant la ligne, répandit cette nouvelle parmi les soldats, dont le courage et le dévouement étaient toujours les mêmes, et qui en donnèrent de nouvelles preuves en ce moment, malgré la fatigue dont ils étaient exténués. Cependant quel fut mon étonnement, je dois dire mon indignation, quand j'appris, quelques instans après, que non-seulement M. le maréchal Grouchy n'était pas arrivé à notre appui, comme on venait de l'assurer à toute l'armée, mais que quarante à cinquante mille Prussiens attaquaient notre extrême droite, et la forçaient de se replier ! Soit que l'empereur se fût trompé sur le moment où M. le maréchal Grouchy pouvait le soutenir, soit que la marche de ce maréchal eût été plus retardée qu'on ne l'avait présumé par les efforts de l'ennemi, le fait est qu'au moment où l'on nous annonçait son arrivée, il n'était encore que vers Wavre, sur la Dyle: c'était pour nous comme s'il se fût trouvé à cent lieues de notre champ de bataille.

Peu de temps après, je vis arriver quatre régimens de la moyenne garde, conduits par l'empereur en personne, qui voulait, avec ces troupes, renouveler l'attaque et enfoncer le centre de l'ennemi; il m'ordonna de marcher à leur tête avec le général Friant : généraux, officiers, soldats, tous montrèrent la plus grande intrépidité ; mais ce corps de troupes était trop faible pour pouvoir résister long-temps aux forces que l'ennemi lui opposait, et il fallut bientôt renoncer à l'espoir que cette attaque avait donné pendant quelques instans. Le général Friant a été frappé d'une balle à côté de moi ; moi-même, j'ai eu mon cheval tué, et j'ai été renversé sous lui. Les braves qui reviendront de cette terrible affaire, me rendront, j'espère, la justice de dire qu'ils m'ont vu à pied, l'épée à la main, pendant toute la soirée, et que je n'ai quitté cette scène de carnage, que l'un des derniers, et au moment où la retraite a été forcée.

Cependant les Prussiens continuaient leur mouvement offensif, et notre droite pliait sensiblement : les Anglais marchèrent à leur tour en avant. Il nous restait encore quatre carrés de la vieille garde, placés avantageusement pour protéger la retraite ; ces braves grenadiers, l'élite de l'armée, forcés de se replier successivement, n'ont cédé le terrain que pied à pied, jusqu'à ce qu'enfin accablés par le nombre, ils ont été presqu'entièrement détruits. Dès-lors le mouvement rétrograde fut prononcé, et l'armée ne forma plus qu'une colonne confuse ; il n'y a cependant jamais eu de déroute, ni de cris *sauve qui peut*, ainsi qu'on en a osé calomnier l'armée dans le Bulletin. Pour moi, constamment à l'arrière-garde que je suivis à pied, ayant eu tous mes chevaux tués, exténué de fatigue, couvert de contusions, et ne me sentant plus la force de marcher, je dois la vie à un caporal de la garde qui me soutint dans ma marche, et ne m'abandonna point pendant cette retraite. Vers onze heures du

Desnouettes ; et l'un de ses officiers, le major Schmidt, eut la générosité de me donner le seul cheval qui lui restât. C'est ainsi que j'arrivai à Marchienne-au-Pont, à quatre heures du matin, seul, sans officiers, ignorant ce qu'était devenu l'empereur que, quelque temps avant la fin de la bataille, j'avais entièrement perdu de vue, et que je pouvais croire pris ou tué. Le général Pamphile Lacroix, chef de l'état-major du deuxième corps, que je trouvai dans cette ville, m'ayant dit que l'empereur était à Charleroi, je dus supposer que S. M. allait se mettre à la tête du corps de M. le maréchal Grouchy, pour couvrir la Sambre, et faciliter aux troupes les moyens de se rallier vers Avesnes, et, dans cette persuasion, je me rendis à Beaumont; mais des partis de cavalerie nous suivant de très-près, et ayant déjà intercepté les routes de Maubeuge et de Philippeville, je reconnus qu'il était de toute impossibilité d'arrêter un seul soldat sur ce point, et de s'opposer aux progrès d'un ennemi victorieux. Je continuai ma marche sur Avesnes, où je ne pus obtenir aucuns renseignemens sur ce qu'était devenu l'empereur.

Dans cet état de choses, n'ayant de nouvelles ni de S. M., ni du major-général, le désordre croissant à chaque instant, et, à l'exception des débris de quelques régimens de la garde et de la ligne, chacun s'en allant de son côté, je pris la détermination de me rendre sur-le-champ à Paris, par Saint-Quentin, pour faire connaître le plus promptement possible, au ministre de la guerre, la véritable situation des affaires, afin qu'il pût au moins envoyer au-devant de l'armée, quelques troupes nouvelles, et prendre rapidement les mesures que nécessitaient les circonstances. A mon

j'appris que l'empereur y avait passé le matin à neuf heures.

Voilà, monsieur le duc, le récit exact de cette funeste campagne.

Maintenant, je le demande à ceux qui ont survécu à cette belle et nombreuse armée : de quelle manière pourrait-on m'accuser du désordre dont elle vient d'être victime, et dont nos fastes militaires n'offrent point d'exemple ? J'ai, dit-on, trahi la patrie, moi qui, pour la servir, ai toujours montré un zèle que peut-être j'ai poussé trop loin, et qui a pu m'égarer ; mais cette calomnie n'est et ne peut être appuyée d'aucun fait, d'aucune circonstance, d'aucune présomption. D'où peuvent cependant provenir ces bruits odieux qui se sont répandus tout-à-coup avec une effrayante rapidité ? Si, dans les recherches que je pourrais faire à cet égard, je ne craignais presqu'autant de découvrir que d'ignorer la vérité, je dirais que tout me porte à croire que j'ai été indignement trompé, et qu'on cherche à envelopper du voile de la trahison les fautes et les extravagances de cette campagne, fautes qu'on s'est bien gardé d'avancer dans les Bulletins qui ont paru, et contre lesquelles je me suis inutilement élevé avec cet accent de la vérité que je viens encore de faire entendre dans la chambre des pairs.

J'attends de la justice de V. Exc., et de son obligeance pour moi, qu'elle voudra bien faire inscrire cette lettre dans les journaux, et lui donner la plus grande publicité.

Je renouvelle à V. Exc. etc.

Le Maréchal, Prince de la Moskowa,
Signé Ney.

Paris, le 26 Juin 1815.

DISCOURS

DU GÉNÉRAL COMTE DROUOT,

Prononcé dans la Séance de la Chambre des Pairs, du 23 Juin.

Messieurs,

Mon service ne m'ayant pas permis de me trouver hier matin à la chambre des pairs, je n'ai pu connaître que par les journaux, les discours qui ont été prononcés dans cette séance. J'ai vu avec chagrin ce qui a été dit pour diminuer la gloire de nos armes, exagérer nos désastres et diminuer nos ressources. Mon étonnement a été d'autant plus grand, que ces discours étaient prononcés par un général distingué, qui, par sa grande valeur et ses connaissances militaires, a tant de fois mérité la reconnaissance de la nation. J'ai cru m'apercevoir que l'intention du maréchal avait été mal comprise, que sa pensée avait été mal entendue. L'entretien que j'ai eu ce matin avec lui m'a convaincu que je ne m'étais point trompé.

Je vous prie, messieurs, de me permettre de vous exposer en peu de mots ce qui s'est passé dans cette trop courte et trop malheureuse campagne. Je dirai ce que je pense, ce que je crains, ce que j'espère. Vous pouvez compter sur ma franchise. Mon attachement à l'empereur ne peut être douteux, mais avant tout et par-dessus tout, j'aime ma patrie. Je suis amant enthousiaste de la gloire nationale ; et aucune affection ne pourra jamais me faire trahir la vérité.

L'armée française a franchi la frontière, le 15 juin. Elle était composée de plusieurs corps de cavalerie, de six d'infanterie et de la garde impériale. Les six corps d'infanterie étaient commandés,

 Le 1er par le comte d'Erlon;
 Le 2e par le comte Reille;
 Le 3e par le comte Vandamme;
 Le 4e par le comte Gérard;
 Le 5e par le comte Lemarrois;
 Le 6e par le comte de Lobau.

Elle rencontra quelques troupes légères en-deçà de la Sambre, les culbuta et leur prit quatre à cinq cents hommes; elles passa ensuite la rivière.

Le premier et le deuxième corps à Marchiennes-au-Pont.

Le reste de l'armée à Charleroi.

Le sixième corps qui était resté en arrière, n'effectua le passage que le lendemain.

L'armée se porta en avant de Charleroi sur la route de Fleurus. Le corps de Vandamme attaqua, vers quatre heures du soir, une division ennemie qui paraissait forte de huit à dix mille hommes, infanterie et cavalerie, soutenue de quelques pièces de canon, et qui se tenait à cheval sur la route de Fleurus.

Cette division fut enfoncée; les carrés d'infanterie furent culbutés par notre cavalerie; l'un d'eux fut entièrement passé au fil de l'épée.

Dans une des charges de cavalerie, la France perdit mon brave et estimable camarade, le général Letort, aide-de-camp de l'empereur. (Ici le général s'interrompt un moment : on remarque quelques larmes tomber de ses yeux.)

Nos avant-postes se portèrent sur Fleurus. Le lendemain matin, l'armée française entra dans la plaine de Fleurus, que vingt-un ans auparavant nous avions illustrée par les plus beaux faits d'armes ; l'armée ennemie paraissait en amphithéâtre sur un coteau, derrière les villages de Saint-Amand et de Ligny ; la droite paraissait s'étendre peu au-delà de Saint-Amand, la gauche se prolongeait sensiblement au-delà de Ligny.

Vers midi, le cinquième corps d'infanterie, soutenu par son artillerie, attaque le village et s'empare du bois qui le précédait, et pénètre jusqu'aux premières maisons.

Bientôt il est ramené vigoureusement. Soutenu par de nouvelles batteries, il recommence l'attaque, et après plusieurs tentatives très-opiniâtres, il finit par se rendre maître du village, qu'il trouva rempli de morts et de blessés prussiens.

Pendant ce temps, le quatrième corps attaquait le village de Ligny ; il y trouva beaucoup de résistance, mais l'attaque fut dirigée et soutenue avec la plus vive opiniâtreté.

Des batteries occupaient tout l'intervalle des deux villages pour contre-battre l'artillerie que l'ennemi avait placée en regard et sur le penchant du coteau.

Je voyais avec complaisance se prolonger cette canonnade à notre avantage. Les troupes destinées à protéger nos batteries, étant éloignées et masquées par les sinuosités du terrain, n'éprouvaient aucun dommage. Celles de l'ennemi, au contraire, étant disposées par masses et en amphithéâtre, derrière ces batteries, éprouvaient les plus grands ravages. Il paraît que l'intention de l'empereur était de porter une réserve au-delà du ravin et sur la position de l'ennemi, aussitôt que nous serions entièrement maîtres du village de Ligny.

Cette manœuvre isolait entièrement la gauche des Prussiens, et la mettait à notre discrétion. Le moment de l'exécuter n'est arrivé qu'entre quatre et cinq heures, lorsque l'empereur fut informé que le maréchal Ney, qui se trouvait loin de notre gauche à la tête du premier et du deuxième corps, avait en tête des forces anglaises très-considérables et avait besoin d'être soutenu. S. M. ordonna que huit bataillons de chasseurs de la vieille garde, et une grande partie des réserves de l'artillerie se portassent à la gauche du village de Saint-Amand, au secours des deux premiers corps; mais bientôt on reconnut que ce renfort n'était pas nécessaire, et il fut rappelé vers le village de Ligny, par lequel l'armée devait déboucher. Les grenadiers de la garde traversèrent le village, culbutèrent l'ennemi, et l'armée, chantant l'hymne de la victoire, prit position au-delà du ravin, sur le champ qu'elle venait d'illustrer par les plus beaux faits d'armes.

J'ignore quels sont les autres trophées qui illustrèrent cette grande journée, mais ceux que j'ai vus, sont plusieurs drapeaux et vingt-quatre pièces ennemies rassemblées sur le même point.

Dans aucune circonstance, je n'ai vu les troupes françaises combattre avec un plus noble enthousiasme; leur élan, leur valeur, faisaient concevoir les plus grandes espérances. Le lendemain matin, j'ai parcouru le champ de bataille; je l'ai vu couvert de morts et de blessés ennemis. L'empereur fit donner des secours et des consolations à ces derniers. Il laissa sur le terrain des officiers et des troupes chargées spécialement de les recueillir.

Les paysans emportaient les Français blessés

avec le plus grand soin. Ils s'empressaient de leur apporter des secours ; mais on était forcé d'employer les menaces pour les obliger d'enlever les Prussiens, auxquels ils paraissaient porter beaucoup de haine.

D'après les rapports des reconnaissances, on apprit qu'après la bataille, l'armée ennemie s'était partagée en deux ; que les Anglais prenaient la route de Bruxelles, que les Prussiens se dirigeaient vers la Meuse. Le maréchal Grouchy, à la tête d'un gros corps de cavalerie et des troisième et quatrième corps d'infanterie, fut chargé de poursuivre ces derniers. L'empereur suivit la route des Anglais avec les premier, deuxième et sixième corps et la garde impériale.

Le premier corps qui était en tête, attaqua et culbuta plusieurs fois l'arrière-garde ennemie, et la suivit jusqu'à la nuit, qu'elle prit position sur le plateau en arrière du village de Mont-Saint-Jean, sa droite s'étendant vers le village de Braine, et sa gauche se prolongeant indéfiniment dans la direction de Wavre. Il faisait un temps affreux. Tout le monde était persuadé que l'ennemi prenait position pour donner à ses convois et à ses parcs le temps de traverser la forêt de Soignes, et que lui-même exécuterait le même mouvement à la pointe du jour.

Au jour, l'ennemi fut reconnu dans la même position. Il faisait un temps effroyable, qui avait tellement dénaturé les chemins, qu'il était impossible de manœuvrer avec l'artillerie dans la campagne. Vers neuf heures, le temps s'éleva, le vent sécha un peu la campagne, et l'ordre d'attaquer à midi fut donné par l'empereur.

Fallait-il attaquer l'ennemi en position avec des

troupes fatiguées par plusieurs journées de grandes marches, une grande bataille et des combats, ou bien fallait-il leur donner le temps de se remettre de leurs fatigues, et laisser l'ennemi se retirer tranquillement sur Bruxelles ?

Si nous avions été heureux, tous les militaires auraient déclaré que c'eût été une faute impardonnable de ne pas poursuivre une armée en retraite, lorsqu'elle n'était plus qu'à quelques lieues de sa capitale, où nous étions appelés par de nombreux partisans.

La fortune a trahi nos efforts, et alors on regarde comme une grande imprudence d'avoir livré bataille. La postérité, plus juste, prononcera.

Le deuxième corps commença l'attaque à midi. La division commandée par le prince Jérôme, attaquait le bois qui était placé en avant de la droite de l'ennemi. Il s'avança d'abord et fut repoussé, et n'en resta entièrement maître qu'après plusieurs heures de combat opiniâtre.

Le premier corps dont la gauche était appuyée à la grand'route, attaquait en même temps les maisons de Mont-Saint-Jean, s'y établissait, et se portait jusque sur la position de l'ennemi. Le maréchal Ney qui commandait les deux corps, se trouvait de sa personne sur la grand'route, pour diriger les mouvemens suivant les circonstances.

Le maréchal me dit, pendant la bataille, qu'il allait faire un grand effort sur le centre de l'ennemi, pendant que la cavalerie ramasserait les pièces qui paraissaient n'être pas beaucoup soutenues. Il me dit plusieurs fois, lorsque je lui portais des ordres, que nous allions remporter une grande victoire.

Cependant le corps prussien qui s'était joint à la gauche des Anglais, se mit en potence sur notre flanc droit, et commença à l'attaquer vers cinq heures et demie du soir. Le sixième corps, qui n'avait pas pris part à la bataille du 16, fut disposé pour lui faire face, et fut soutenu par une division de la jeune garde et par quelques batteries de la garde. Vers sept heures, on aperçut dans le lointain, vers notre droite, un feu d'artillerie et de mousqueterie. On ne douta pas que le maréchal Grouchy n'eût suivi le mouvement des Prussiens et ne vînt prendre part à la victoire. Des cris de joie se font entendre sur toute notre ligne. Les troupes, fatiguées par huit combats, reprennent vigueur et font de nouveaux efforts. L'empereur regarde cet instant comme décisif : il porte en avant toute sa garde ; ordonne à quatre bataillons de passer près le village de Mont-Saint-Jean, de se porter sur la position ennemie, et d'enlever à la baïonnette tout ce qui résisterait. La cavalerie de la garde et tout ce qui restait de cavalerie sous la main, seconda ce mouvement. Les quatre bataillons, en arrivant sur le plateau, sont accueillis par le feu le plus terrible de mousqueterie et de mitraille. Le grand nombre de blessés qui se détache, fait croire que la garde est en déroute. Une terreur panique se communique aux corps voisins, qui prennent la fuite avec précipitation. La cavalerie ennemie qui s'aperçoit de ce désordre, est lâchée dans la plaine ; elle est contenue pendant quelque temps par les douze bataillons de vieille garde qui n'avaient point encore donné, et qui, entraînés eux-mêmes par ce mouvement inexplicable, suivent, mais en ordre, la marche des fuyards.

Toutes les voitures d'artillerie se précipitent sur la grand'route, bientôt elles s'y accumulent tellement qu'il est impossible de les faire marcher ; elles sont pour la plupart abandonnées sur le chemin, et dételées par les soldats qui en emmènent les chevaux.

Tout se précipite vers le pont de Charleroi et celui de Marchiennes, d'où les débris furent dirigés sur Philippeville et Avesnes.

RAPPORT
DU MARÉCHAL GROUCHY
A l'Empereur.

Dinan le 20 juin 1815.

Sire,

Ce n'est qu'à près de sept heures du soir, le 18 juin, que j'ai reçu la lettre du duc de Dalmatie, qui me prescrivait de marcher sur Saint-Lambert, et d'attaquer le général Bulow. J'avais rencontré l'ennemi en me portant sur Wavre, à hauteur de la Baraque. Sur-le-champ il avait été abordé, poussé jusques dans Wavre, et le corps Vandamme attaquait cette ville et était fortement engagé. La portion de Wavre, sur la droite de la Dyle, était emportée, mais on éprouvait de grandes difficultés à déboucher de l'autre côté. Le général Gérard essayait d'enlever le moulin de Bierge, et d'y passer la rivière ; il ne pouvait y réussir : il y avait été blessé d'une balle dans la poitrine, blessure qui heureusement n'est pas mortelle. Le lieutenant-général Alix avait été tué à l'attaque de Wavre ; dans cet état de choses, impatient de pouvoir déboucher sur le mont Saint-Lambert, et coopérer au succès des armes de V. M. Dans cette journée si importante, je dirigeai sur Limale la cavalerie de Pajol, la division Teste, et deux des divisions du général Gérard, afin de forcer le passage de la Dyle, et de marcher contre le général Bulow. Le corps du général Vandamme entretint l'attaque de Wavre et du moulin de Bierge, d'où l'ennemi faisait mine de vouloir déboucher; ce que je jugeai qu'il ne pourrait effectuer, la position et le courage de nos troupes répondant qu'il n'y parviendrait pas. Mon mouvement sur Limale prit du temps à raison de la distance; cependant j'arrivai, j'effectuai le passage, et les hauteurs furent enlevées par la division Vichery et la cavalerie. La nuit ne permit pas d'aller loin, et je n'entendais plus le canon du côté où V. M se battait.

Dans cette position j'attendis le jour : Wavre et Bierge étaient occupés par les Prussiens. Le 19, à trois heures du matin ils attaquèrent à leur tour, voulant profiter de la mauvaise position où j'étais, et prétendant me rejeter dans le défilé, enlever l'artillerie qui avait débouché et me faire repasser la Dyle. Leurs efforts furent inutiles; l'intrépidité des troupes me mit à même de repousser toutes les attaques, de culbuter les Prussiens et de faire enlever par la division Teste, le village de Bierge; le brave général Penne y fut tué.

Le général Vandamme faisait alors passer par Bierge une de ses divisions, enleva sans peine les hauteurs de Wavre, et sur toute ma ligne le succès fut complet. J'étais en avant de Rozierne, me disposant à marcher sur Bruxelles, lorsque j'ai reçu la douloureuse nouvelle de la perte de la bataille de Waterloo. L'officier qui me l'apporta me

voir préciser sur quel point il entrait dans ses vues que je me dirigeasse. Engagé sur toute ma ligne, je cessai de poursuivre, et préparai mon mouvement rétrograde. L'ennemi en retraite ne songea pas à me suivre. Je marchai jusqu'à Temploux et Gembloux, ayant ma cavalerie légère à Mari-de-Saint-Denis et mes dragons sur Namur. Apprenant que l'ennemi avait déjà passé la Sambre et se trouvait déjà sur mon flanc, n'étant pas assez fort pour opérer une diversion utile pour l'armée de V. M. sans compromettre celle que je commandais, je marchai sur Namur; le quatrième corps par la route de Namur à Charleroi, et le troisième par celle directe qui y conduit de Temploux. Dans ce moment les queues des deux colonnes furent attaquées; celle de droite ayant fait un mouvement rétrograde plutôt qu'on ne s'y attendait, compromit un instant la retraite de celle de gauche. De bonnes dispositions réparèrent tout; deux pièces qui avaient été prises, furent reprises par le brave vingtième de dragons, sous les ordres du colonel Briquevillo, qui enleva en outre un obusier à l'ennemi. Les faibles carrés du..... régiment, chargés par une cavalerie nombreuse, l'attendirent à bout portant, lui firent essuyer une perte énorme, et prouvèrent ce que peuvent de bonnes dispositions, jointes à une attitude calme et un feu bien dirigé. La cavalerie ennemie, chargée à son tour par le premier de hussards aux ordres du maréchal-de-camp Clary, laissa en nos mains nombre de prisonniers. Tout rentra donc sans perte dans Namur. Le long défilé qui règne depuis cette place jusqu'à Dinan, défilé où l'on ne peut marcher que sur une seule colonne, et les embarras résultant des nombreux transports de blessés que je condui-

temps la ville, où je ne trouvai pas les moyens de faire sauter le pont. Je chargeai de la défense de Namur le général Vandamme, qui, avec son intrépidité ordinaire, s'y maintint jusqu'à huit heures du soir; de sorte que rien ne resta en arrière, et que j'occupai Dinan.

L'ennemi a perdu des milliers d'hommes à l'attaque de Namur, on s'est battu avec un acharnement rare, et les troupes ont fait leur devoir d'une manière bien digne d'éloges.

Je suis avec respect,

SIRE,

De Votre Majesté,

Le très-fidèle sujet,

Le Maréchal Comte DE GROUCHY.

RAPPORT PRUSSIEN.

Rapport officiel des opérations de l'armée prussienne du Bas-Rhin.

CE fut le 15 de ce mois que Napoléon commença les hostilités, après avoir rassemblé, le 14, cinq corps de son armée et les nombreux corps de sa garde, entre Maubeuge et Beaumont. Les points de concentration des quatre corps prussiens étaient Fleurus, Namur, Ancy et Hannut; cette position était telle, qu'en vingt-quatre heures on pouvait réunir toute l'armée sur un seul de ces points. Le 15, Napoléon avança par Thuin sur Charleroi, des deux côtés de la Sambre. Le général Ziethen avait réuni le premier corps près

chaude avec l'ennemi, qui après avoir pris Charleroi, dirigea sa marche sur Fleurus. Le général Ziethen se maintint dans sa position près de ce village. Le feld-maréchal Blucher voulant livrer le plutôt possible une grande bataille à l'ennemi, dirigea en conséquence les trois autres corps sur Sombref, à une lieue et demie de Fleurus, où les deuxième et troisième corps devaient arriver le 15, et le quatrième le 16. Lord Wellington avait concentré son armée entre Ath et Nivelles, ce qui le mettait à portée de seconder le maréchal Blucher, dans le cas où la bataille se donnerait le 15.

BATAILLE DE LIGNY.

Le 16 juin, l'armée prussienne était placée sur les hauteurs entre Prie et Sombref, et au-delà de ce dernier endroit elle occupait, avec des forces considérables, les villages de Saint-Amand et de Ligny, situés sur son front. Cependant trois corps seulement étaient réunis; le quatrième, cantonné entre Liége et Hannut, avait été retardé dans sa marche par plusieurs circonstances, et ne paraissait pas encore. Néanmoins le maréchal Blucher résolut de livrer la bataille, lord Wellington ayant déjà fait avancer pour le soutenir une forte division de son armée, ainsi que toute sa réserve cantonnée dans les environs de Bruxelles, et de plus, notre quatrième corps étant sur le point d'arriver.

La bataille commença à trois heures après-midi; l'ennemi déploya une force de cent trente mille hommes à peu près, l'armée prussienne était forte de quatre-vingt mille. Le village de Saint-Amand fut le premier point que l'ennemi attaqua et qu'il emporta après une vigoureuse résistance. Alors

grand village, bien bâti, situé sur un ruisseau qui porte le même nom. Ce fut là que commença un combat des plus obstinés qu'on ait jamais vus. Souvent des villages ont été pris et repris, mais ici la bataille dura pendant cinq heures dans les villages mêmes, et les mouvemens en avant ou en arrière se firent dans un espace très-resserré. Des deux côtés on ramenait mutuellement des troupes fraîches; chaque armée avait derrière la partie du village qu'elle occupait, de grandes masses d'infanterie qui maintenaient le combat, et étaient sans cesse renouvelées par les renforts qu'elles recevaient de leurs réserves et de leurs ailes. Environ deux cents pièces de canon tiraient de part et d'autre sur le village, qui prit feu en même temps à plusieurs endroits. De temps en temps le combat s'étendait sur toute la ligne, l'ennemi ayant dirigé des troupes contre nos trois corps; cependant l'action principale était à Ligny. Les affaires paraissaient prendre une tournure favorable pour les Prussiens; une partie du village de Saint-Amand ayant été reprise aux Français, par un bataillon commandé par le feld-maréchal en personne; ce ensuite de quoi nous nous étions réemparés de la hauteur qui avait été abandonnée après la perte de Saint-Amand. Malgré cela, le combat continuait à Ligny avec la même fureur. Le succès paraissait dépendre de l'arrivée des troupes anglaises, ou de celle du quatrième corps prussien; et de fait, l'arrivée de ce dernier corps aurait donné au feld-maréchal les moyens de faire de suite avec l'aile droite, une attaque dont on pouvait attendre un grand avantage; mais la nouvelle vint que la division anglaise destinée à nous soutenir, était vivement attaquée par un

à se maintenir elle-même dans sa position des Quatre-Bras. Le quatrième corps ne parut point; nous fûmes donc forcés de combattre seuls un ennemi bien supérieur en nombre.

La soirée était déjà fort avancée, et l'action continuait à Ligny avec un acharnement et un succès égal de part et d'autre; nous invoquions, mais en vain, l'arrivée de ces secours qui nous étaient si nécessaires; d'heure en heure le danger devenait de plus en plus pressant : toutes les divisions étaient engagées ou l'avaient déjà été, et on ne pouvait disposer d'aucun corps pour les soutenir. Tout-à-coup une division d'infanterie ennemie, qui à la faveur de la nuit avait tourné le village sans être vue, en même temps que quelques régimens de cuirassiers avaient forcé le passage de l'autre côté, prit à dos le gros de notre armée qui était placé derrière les maisons. Cette surprise de la part de l'ennemi fut décisive, sur-tout au moment où notre cavalerie, postée aussi sur une hauteur derrière le village, était repoussée par la cavalerie ennemie, après plusieurs attaques répétées. Notre infanterie placée derrière Ligny, quoique forcée à la retraite, ne se découragea point en se voyant surprise par l'ennemi pendant la nuit (circonstance qui exagère dans l'esprit des hommes les dangers auxquels ils sont exposés), ni par l'idée de se voir entourés de tous côtés. Formée en masses, elle repoussa avec sang-froid toutes les charges de la cavalerie, et se retira en bon ordre sur les hauteurs, d'où elle continua son mouvement rétrograde sur Tilly. En raison de la soudaine irruption de la cavalerie ennemie, plusieurs de nos canons dans leur retraite précipitée, avaient pris des directions qui les conduisirent dans les défilés, où néces-

ces restèrent de cette manière en la puissance de l'ennemi. A un quart de lieue du champ de bataille l'armée se reforma; l'ennemi ne tenta pas de la poursuivre. Le village de Brie resta en notre possession toute la nuit, ainsi que Sombref, où le général Thielman s'était battu avec notre troisième corps, et d'où, à la pointe du jour, il battit lentement en retraite sur Gembloux où le quatrième corps, sous le commandement du général Bulow, était enfin arrivé pendant la nuit. Le matin, le premier et le deuxième corps se retirèrent derrière le défilé de Mont-Saint-Guibert. Notre perte en tués et blessés fut grande; cependant l'ennemi ne nous fit aucuns prisonniers, à l'exception d'une partie de nos blessés. La bataille fut perdue, mais non pas l'honneur.

Nos soldats se sont battus avec une bravoure sans égale; leur courage demeura inébranlable, parce que chacun garda la confiance de ses propres forces. Dans cette journée le maréchal Blucher courut les plus grands dangers. Une charge de cavalerie conduite par lui-même, ne réussit pas; pendant que la cavalerie ennemie poursuivait vigoureusement la nôtre, son cheval fut frappé d'un coup de carabine : cet animal, loin d'être arrêté par cette blessure, commença à galoper plus furieusement, jusqu'à ce qu'enfin il tomba mort. Le maréchal, étourdi par la violence de cette chute, resta embarrassé sous le cheval. Les cuirassiers ennemis poursuivant leurs avantages, avançaient; notre dernier cavalier avait déjà passé le feld-maréchal; un adjudant resta seul avec lui, mit pied à terre, et résolut de partager son sort. Le danger était grand, mais le ciel veillait sur nous. Les ennemis continuant leur charge, passèrent rapide-

d'après, une seconde charge des nôtres les ayant repoussés, ils repassèrent près de lui avec la même précipitation et sans l'apercevoir davantage que la première fois. Alors, sans aucune difficulté, le maréchal fut dégagé de dessous son cheval mort, et remonta sur-le-champ sur le cheval d'un dragon.

Le 17 au soir, l'armée prussienne se concentra dans les environs de Wavre. Napoléon marcha contre lord Wellington, par la grand'route qui conduit de Charleroi à Bruxelles. Une division anglaise eut à soutenir ce jour-là un rude combat avec l'ennemi. Lord Wellington avait pris position sur la route de Bruxelles, ayant sa gauche appuyée à Braine-la-Leud, son centre près de Mont-Saint-Jean, et sa gauche près de la Haye-Sainte. Le lord écrivit au feld-maréchal qu'il était décidé à accepter la bataille dans cette position, si le maréchal voulait le soutenir avec deux de ses corps. Le feld-maréchal lui promit de venir avec toute son armée. Il proposa même que dans le cas où Napoléon n'attaquerait pas, les alliés le fissent eux-mêmes le jour suivant, avec toutes leurs forces réunies. Cette proposition prouve combien peu la bataille du 16 avait désorganisé l'armée prussienne, ou affaibli sa force morale. Ainsi finit la journée du 17.

BATAILLE DU 18.

Au point du jour l'armée prussienne se mit en mouvement; les quatrième et deuxième corps marchèrent vers Saint-Lambert où ils devaient rester en position, couverts par une forêt près de Frischermont, pour prendre l'ennemi par derrière, quand le moment paraîtrait favorable. Le premier corps devait opérer par Ohain sur le flanc droit

tement, afin de porter du secours en cas de besoin. La bataille commença environ à dix heures du matin : l'armée anglaise occupait les hauteurs de Mont-Saint-Jean, celle des Français était sur les hauteurs en avant de Planchenoit. La première était forte d'environ quatre-vingt mille hommes, l'ennemi en avait à peu près cent trente mille. En peu d'instans l'action devint générale sur toute la ligne. Il paraît que Napoléon avait le dessein de rejeter l'aile gauche sur le centre, afin d'effectuer entièrement la séparation des Anglais de l'armée prussienne qu'il croyait en retraite sur Maestricht.

Dans cette intention il avait placé la plus grande partie de sa réserve au centre près de son aile droite, et il attaqua avec fureur sur ce point. L'armée anglaise combattit avec une valeur qu'il est impossible de surpasser. Les charges répétées de la vieille-garde échouèrent devant l'intrépidité des régimens écossais, et chacune des charges de la cavalerie française fut repoussée par la cavalerie anglaise. Mais la supériorité de l'ennemi était trop grande; Napoléon envoyait continuellement en avant des masses énormes, et quelque fermeté que les troupes anglaises missent pour se maintenir dans leur position, il était impossible que de si héroïques efforts n'eussent enfin des bornes. Il était quatre heures et demie. L'extrême difficulté du passage du défilé de Saint-Lambert avait considérablement retardé la marche des colonnes prussiennes, en sorte que deux brigades seulement du quatrième corps étaient arrivées à la position couverte qui leur était assignée. Le moment décisif était venu, il n'y avait pas un instant à perdre. Les généraux ne le laissèrent point échapper. Ils résolurent aussitôt de commencer l'attaque avec les troupes qu'ils brigades et un corps de cavalerie, avança donc rapidement sur le derrière de l'aile droite ennemie. L'ennemi ne perdit pas sa présence d'esprit ; il dirigea de suite sa réserve contre nous, et un engagement des plus meurtriers commença de ce côté. Le succès resta long-temps incertain. Pendant ce temp-là le combat avec les Anglais continuait avec la même violence ; vers six heures, nous reçûmes la nouvelle que le général Thielman qui commandait le troisième corps, était attaqué à Wavre par un corps ennemi très-considérable, et que déjà on se disputait la possession de la ville. Le feld-maréchal ne s'inquiéta pas de ce rapport ; c'était où il était et non ailleurs que l'affaire devait être décisive. Un combat continué avec ténacité et soutenu continuellement par des troupes fraîches, pouvait seul assurer la victoire, et si on l'obtenait ici, un revers éprouvé à Wavre était de peu de conséquence. Les colonnes continuèrent leurs mouvemens. A sept heures et demie, l'issue de la bataille était encore incertaine. Tout le quatrième corps et une partie du deuxième sous le général Pirch, s'étaient successivement engagés. Les troupes françaises se battaient avec une rage désespérée ; cependant on apercevait quelque incertitude dans leurs mouvemens, et on observa que quelques pièces de canon battaient en retraite. A ce moment la première colonne du général Ziethen arriva sur les points d'attaque près du village de Smouhen et chargea aussitôt le flanc droit de l'ennemi. Ce moment décida de sa défaite. L'aile droite fut enfoncée en trois endroits et abandonna ses positions. Nos troupes marchèrent en avant au pas de charge, et attaquèrent les Français de tous côtés, tandis qu'au

Les circonstances furent entièrement favorables à l'attaque de l'armée prussienne. Le terrain s'élevait en amphithéâtre, de sorte que notre artillerie pouvait librement diriger ses feux du sommet de plusieurs hauteurs qui s'élevaient graduellement au-dessus les unes des autres, et dans les intervalles desquelles les troupes descendaient dans la plaine, formées en brigades et dans le plus grand ordre, pendant que des troupes fraîches se développaient sans cesse en sortant de la forêt qui était derrière nous sur la hauteur. Cependant l'ennemi conserva quelques moyens de retraite jusqu'à l'instant où le village de Planchenoit, qui était sur ses derrières et qui était défendu par la garde, fut, après quelques attaques sanglantes, emporté d'assaut. Dès ce moment la retraite devint une déroute qui se répandit bientôt dans toute l'armée française, qui dans son affreuse confusion entraînait tout ce qui tentait de l'arrêter, et finit par présenter l'aspect de la fuite d'une armée de barbares. Il était neuf heures et demie, le feld-maréchal fit assembler tous les officiers supérieurs et donna ordre qu'on envoyât à la poursuite de l'ennemi jusqu'au dernier homme et au dernier cheval. L'avant-garde de l'armée précipita sa marche. L'armée française poursuivie sans interruption, fut entièrement désorganisée. La chaussée offrait le tableau d'un immense naufrage; elle était couverte d'une quantité innombrable de canons, de caissons, de chariots, de bagages, d'armes et de débris de toute espèce.

Ceux des ennemis qui avaient essayé de prendre quelque repos et ne s'attendaient pas à être poursuivis si vivement, furent chassés de plus de neuf bivouacs. Dans quelques villages ils tentèrent de se maintenir; mais aussitôt qu'ils entendaient le bat-

ils se précipitaient dans les maisons, où ils étaient taillés en pièces ou faits prisonniers. Ce fut la clarté de la lune qui favorisa grandement la poursuite; car toute cette marche n'était qu'une chasse continuelle dans les champs et dans les maisons.

A Genappes, l'ennemi s'était retranché avec des canons et des voitures renversées ; à notre approche, nous entendîmes tout-à-coup dans la ville, un grand bruit de mouvemens de voitures; en y entrant, nous fûmes exposés à un feu de mousqueterie fort vif, auquel nous ripostâmes par quelques coups de canon, suivis d'un *hurrah*; et dans un instant, toute la ville fut à nous. Ce fut là que parmi d'autres équipages, la voiture de Napoléon fut prise ; il l'avait quittée pour monter à cheval, et cela avec tant de précipitation, qu'il avait oublié dedans son épée et son chapeau. L'affaire se continua ainsi jusqu'au point du jour. Environ quarante mille hommes, restes de toute l'armée, et dans le désordre le plus complet, se sont sauvés en opérant leur retraite par Charleroi, une grande partie sans armes, et n'emmenant avec eux que 27 pièces de leur nombreuse artillerie. Dans sa fuite, l'ennemi a passé toutes ses forteresses, seules défenses de ses frontières, qui maintenant sont dépassées par nos armées. A trois heures, Napoléon dépêcha de dessus le champ de bataille, un courrier à Paris, avec la nouvelle que la victoire n'était plus douteuse; peu d'heures après, il n'eut plus que son aile gauche. Nous n'avons pas encore un état exact des pertes de l'ennemi ; il suffit de savoir que les deux tiers de son armée sont tués, blessés ou prisonniers; parmi ces derniers se trouvent les généraux Duhesme et Compans. Jusqu'à ce moment, environ 300 pièces de canon et 500 caissons sont

Peu de victoires ont été si complètes, et il n'y a certainement pas d'exemple qu'une armée se soit, deux jours après la perte d'une bataille, engagée dans une telle action, et s'y soit soutenue aussi glorieusement. Il faut rendre honneur aux troupes capables d'autant de fermeté et de valeur. Dans le milieu de la position occupée par les Français, et tout-à-fait sur la hauteur, se trouve une ferme appelée *la Belle-Alliance*. La marche de toutes les colonnes prussiennes fut dirigée vers cette ferme, qui se voyait de tous les côtés; ce fut là que Napoléon se tint pendant la bataille; ce fut là aussi qu'il donnait ses ordres, qu'il se flattait de l'espoir de la victoire, et que sa ruine fut décidée. Ce fut encore là que, par un hasard heureux, le maréchal Blucher et le lord Wellington se rencontrèrent dans l'obscurité, et se saluèrent mutuellement comme vainqueurs. En mémoire de l'aillance qui règne maintenant entre les nations anglaise et prussienne, de l'union des deux armées, et de leur confiance réciproque, le maréchal désire que cette bataille porte le nom de *la Belle-Alliance*.

Par ordre du *Feld-Maréchal Blucher*,
Le *Général* GNEISENAU.

RAPPORT ESPAGNOL.

Supplément à la Gazette de Madrid, du 13 *Juillet* 1815.

RAPPORT DU GÉNÉRAL MIGUEL ALAVA, AMBASSADEUR PRÈS DU ROI DES PAYS-BAS.

A D. Pedro Avallas, etc., etc.

Les différens régimens de gardes anglais et la

la journée du 16; et lord Wellington me dit le jour suivant, qu'il n'avait jamais vu ses troupes se mieux comporter, pendant tout le temps qu'il les avait commandées. Les cuirassiers français ont grandement souffert dans cette occasion ; se confiant dans leurs cuirasses, ils approchèrent si près des carrés anglais, qu'ils parvinrent à sabrer quelques officiers du quarante-deuxième; mais ce brave régiment, sans s'effrayer, fit un feu de file si bien nourri, que la terre fut en un instant jonchée de cuirassiers et de leurs chevaux.

Le général Alava écrit ce qui suit sur la bataille de Waterloo :

Je joignis l'armée le 18 au matin ; je n'avais cependant reçu aucun ordre à cet effet; mais je crus, en le faisant, me mettre à même de mieux servir S. M., et en même temps de mieux exécuter les instructions de V. Exc. Cette résolution m'a procuré la satisfaction de me trouver présent à la bataille la plus importante qui ait été donnée depuis plusieurs siècles, sous le triple rapport de ses suites, de sa durée et du talent des grands capitaines qui commandaient de part et d'autre ; mais sur-tout parce que l'on peut assurer que la paix du monde et le repos futur de l'Europe dépendaient entièrement de ses résultats.

La position occupée par sa seigneurie était fort bonne ; mais vers le centre étaient plusieurs points faibles qui pour leur défense demandaient de bonnes troupes et une grande habileté de la part du général en chef. Ces grandes qualités se trouvent sur-tout dans les armées anglaises et leur illustre général ; et l'on peut affirmer, sans offenser qui que ce soit, que c'est à eux qu'appartient la plus grande partie de la gloire de ce jour mémorable.

se trouve une maison de campagne (la ferme d'Hougoumont), de l'importance de laquelle le duc de Wellington s'aperçut de suite, parce que, sans la posséder, on ne pouvait attaquer de ce côté, et qu'en conséquence, on devait la considérer comme la clef de cette partie de sa ligne. Le duc confia la garde de ce point important à trois compagnies des gardes anglaises, sous le commandement de lord Saltoun ; il fit travailler toute la nuit du 17 à le fortifier autant que possible, et remplit le jardin et un bois qui lui sert de parc, de tirailleurs de Nassau qui sont très-adroits tireurs.

A dix heures et demie, il se fit un mouvement sur la ligne ennemie, et l'on vit une grande quantité d'officiers allant et venant d'un point particulier, où était un corps considérable d'infanterie, que nous comprîmes ensuite être la garde impériale : c'était là qu'était Bonaparte, et d'où partaient les ordres. Dans ce même instant les masses françaises se formaient, et tout annonçait l'approche du combat, qui commença en effet à onze heures et demie. L'ennemi attaqua d'abord la maison que je viens de citer, avec un de ses corps, et en poussant ses cris accoutumés.

Les troupes de Nassau furent forcées d'abandonner leur poste ; mais les Français rencontrèrent dans la maison une résistance telle, que, bien qu'ils l'entourassent de trois côtés et en fissent l'attaque avec un grand acharnement, ils furent forcés d'abandonner cette entreprise, et laissèrent sur la terre un grand nombre de tués et de blessés. Lord Wellington y envoya des troupes fraîches qui reprirent le bois et le jardin, et pour le moment le combat cessa en cet endroit.

viron 200 pièces de canon, sous la protection duquel Bonaparte fit faire, du centre à la droite, une attaque générale avec de l'infanterie et de la cavalerie en si grand nombre, qu'il fallut toute la science de sa seigneurie à placer ses troupes, et toute leur valeur pour y résister.

Le général Picton, dont la division était placée sur la route de Bruxelles à Charleroi, avança à la baïonnette pour les recevoir ; mais il fut malheureusement tué au moment où l'ennemi, étonné de la contenance de ce corps, fit son feu et se retira.

Alors les gardes-du-corps anglais firent, avec une grande vigueur, une charge dans laquelle les quarante-neuvième et cent-cinquième régimens français perdirent leurs aigles et deux ou trois mille prisonniers. Une colonne de cavalerie, à la tête de laquelle étaient les cuirassiers, vint fondre sur les gardes-du-corps et sauva cette infanterie ; mais alors on vit s'engager le combat de cavalerie le plus sanglant qui jamais peut-être se soit livré.

Les cuirassiers français furent complètement repoussés en dépit de leurs cuirasses, par des troupes qui ne portent aucuns remparts semblables, et dans cette horrible mêlée, ils perdirent leur aigle, qui fut pris par la grosse cavalerie royale.

Le général Alava parle ensuite de l'approche de l'armée prussienne, qui, observe-t-il, était plus que nécessaire en raison de la supériorité de l'ennemi, et des pertes affreuses que l'armée anglaise avait éprouvées dans ce combat inégal, soutenu depuis onze heures du matin jusqu'a cinq heures du soir. Bonaparte qui ne croyait pas les Prussiens si près, et qui comptait détruire l'armée du lord Wellington avant leur arrivée, s'aperçut alors qu'il et que, dans la position critique où il se trouvait, il ne lui restait d'autre ressource que d'attaquer en désespéré la partie faible de la position des Anglais, et de tâcher ainsi de vaincre le duc avant que son aile droite ne fût tournée et attaquée par les Prussiens.

Alors donc se fit une suite d'attaques d'infanterie et de cavalerie, soutenues par plus de 300 pièces d'artillerie, qui firent dans nos rangs un affreux ravage, et couvrirent cette partie du champ de bataille, d'officiers, d'artilleurs et de chevaux tués ou mutilés.

Bonaparte voyant cette énorme destruction, ordonna une charge de toute la cavalerie de sa garde, qui prit quelques pièces de canon que nous ne pûmes enlever; mais le duc qui était à cet endroit même, avança contr'eux à la tête de trois bataillons anglais et trois de brunswickois, il les força à abandonner ces pièces, quoique nous ne pussions les emmener, faute de chevaux, et ils ne s'exposèrent pas à venir les reprendre.

Enfin à sept heures, Bonaparte fit un dernier effort, et se mettant lui-même à la tête de sa garde, il attaqua ce même point avec une telle vigueur, qu'il mit en déroute les Brunswickois qui en occupaient une partie, et que pour un moment la victoire fut indécise et même plus que douteuse. Le duc, qui sentit combien le moment était dangereux, harangua les Brunswickois avec cet ascendant que possèdent les grands hommes, les fit revenir à la charge, et se mettant à leur tête, rétablit l'équilibre du combat en s'exposant à toutes sortes de dangers.

Fort heureusement qu'au même instant nous vîmes le feu de l'armée du prince Blucher, qui at-

accoutumée. Le moment décisif étant arrivé, le duc se mit à la tête des gardes anglaises à pied, les anima en peu de paroles, auxquelles elles répondirent par un *hurrah* général; et les guidant lui-même avec son chapeau, il les fit avancer la baïonnette croisée, pour en venir à une dernière affaire avec la garde impériale; mais celle-ci fut alors obligée de battre en retraite, et bientôt toute l'armée française fut dans une déroute telle, qu'on n'en a vue de mémoire de soldat; la fameuse déroute de Vittoria ne lui est même pas comparable.

Le brave général espagnol ajoute ici plusieurs réflexions fort justes sur l'importance de la victoire ; et en estimant les pertes que nous avons essuyées, il dit : De tous les officiers qui entouraient le duc de Wellington, lui seul et moi restâmes sans que nous ou nos chevaux fussent atteints. Tous les autres furent tués, blessés ou perdirent un ou plusieurs chevaux. Le duc ne put retenir ses larmes en voyant périr à ses côtés tant d'hommes d'une bravoure à toute épreuve, dont plusieurs étaient ses amis, ses plus chers compagnons, et dont la perte ne peut être compensée que par l'importance de la victoire.

Le général Alava conclut en recommandant à l'attention du gouvernement espagnol le capitaine N. de Miniussir, du régiment de tirailleurs de Doyle qui, dit-il, se comporta avec une grande vaillance pendant l'action, et qui fut blessé en ralliant les troupes de Nassau dans le jardin, et en les faisant retourner à leur poste.

FIN.

Milton Keynes UK
Ingram Content Group UK Ltd.
UKHW020646111124
2729UKWH00042B/161